30.–
10.–

7. April '97

ROWOHLT
BERLIN

Cora Stephan

Der Betroffenheitskult

Eine politische Sittengeschichte

Rowohlt · Berlin

1.–6. Tausend August 1993
7.–9. Tausend November 1993

Umschlaggestaltung Walter Hellmann
Satz aus der Iridium
Gesamtherstellung Clausen & Bosse, Leck
ISBN 3 87134 075 8

Für meine Eltern,
Helmut Stephan und Margot Stephan,
im Frühsommer 1993

«Wenn es eine Dialektik des Herzens gibt,
ist sie sicherlich gefährlicher als eine Dialektik der Vernunft.
Von der Vernunft können nur wenige Gebrauch machen,
aber seinem Herzen will doch ein jeder,
auch der einfachste Mann, folgen.»
Helmuth Plessner, «Grenzen der Gemeinschaft» (1924)

Inhalt

II

Arbeit am Mythos: 1968–1989

III

Das deutsche Dilemma

IV
Epilog

Prolog

Zeitenwende, Epochenende

Dies ist eine Bilanz – eine Bilanz politischer Orientierungssuche in der Zeitspanne zwischen zwei Zäsuren der bundesrepublikanischen Geschichte: 1968, das Jahr des «Aufbruchs», 1989, das Jahr der «Wende». Mit 1989 ist die Epoche von 1968 zu Ende gegangen – denn 1989 hat sich das Lebensgefühl, für das «1968» steht, als für die Analyse neuer Lagen untauglich erwiesen.

Mit dem Tag der deutschen Einheit ist nicht nur die DDR untergegangen, sondern auch ihr Antipode, die alte Bundesrepublik – ein Land, dessen Existenz im nachhinein so märchenhaft wie unwahrscheinlich erscheint. Eine Bundesrepublik Deutschland, die es sich im Schutz des Eisernen Vorhangs zwischen Betroffenheitskult und Lebenswelt bequem gemacht hatte, deren Bürger, sympathisch und weltfremd, beträchtlichen Wohlstand mit hoher Moral zu verbinden gelernt hatten und deren Politiker sich am liebsten zwischen Provinz und Europa aufhielten – also im Niemandsland.

1968 und 1989 bezeichnen auch für mich Tage, die die Welt erschütterten. 1968 – das war noch euphorischer Ausbruch aus einer Zeit der lähmenden, fressenden Stille, und schon, mit dem Einmarsch sowjetischer Truppen in Prag, Abschied von der Illusion, das Reich der Freiheit liege nur wenige Atemzüge entfernt. 1989 – auch das war Aus- und Aufbruch, dem ein Abschied folgte: von Illusionen, die man sich im bundesrepublikanischen Winkel lange Zeit hat machen können. Die Wünsche an die Zukunft werden bescheidener sein.

Warum «1968» und die Weltsicht, für die es steht, für das Begreifen von 1989 und die Folgen nicht taugen, ist Thema dieses Buches, dieser «Bilanz», was, recht betrachtet, ein etwas zu großes Wort ist für den Versuch, die politischen Orientierungen Revue passieren zu lassen, die in den letzten zwanzig Jahren gesucht, gefunden und verworfen wurden. Die Sündenbock-Theorie, wonach die «Alt-68er» schuld daran seien, daß niemand im Westen des geteilten Deutschlands mehr so recht an die Wiedervereinigung geglaubt hatte, teile ich dabei nicht – obwohl man dafür ebenso Belege ins Feld führen kann wie für die schön ungerechte Selbstbezichtigung Patrick Süskinds aus dem Jahr 1990: «Die eigentlichen Greise sind wir, wir 40jährigen Kinder der Bundesrepublik. Uns hat das Erdbeben kalt erwischt. (...) Uns treffen die Erschütterungen im denkbar ungünstigsten Moment, denn wir befinden uns in einem Lebensabschnitt, in dem der Mensch geneigt ist, eine Pause einzulegen...»

Eine Pause, die ich hiermit für absolut legitim erklären möchte: denn meine Generation hat eine nicht unbeträchtliche Phantasie an das Verständnis neuer Lagen verschwendet, wie sie sich aus den seit den 60er Jahren beschleunigten Modernisierungsprozessen in der Bundesrepublik Deutschland entwikkelten; an soziale und politische Experimente aller Art, die Ersatz für verlorengegangene Orientierungen schaffen sollten und die selbst in ihrem Scheitern noch zwei positive Effekte für sich verbuchen können. Solche positiven Effekte erkenne ich einmal in der Selbstbefähigung einer ganzen Generation, auch ohne Herkommen, Zwänge, Vorbilder und Regeln neue, komplexere Lebensentscheidungen treffen zu können. Zum anderen im paradoxen Prozeß einer Aneignung der Bonner Republik auf dem Wege ihrer Infragestellung. Wer die westdeutsche Demokratie so angegriffen und verworfen hat wie der sich politisch definierende Teil dieser Generation, weiß, meistens jedenfalls, am Ende dieses Prozesses (und, natürlich, um Jahre gereift) um so besser, warum er die nicht immer ganz ansehnliche und etwas beschwerliche Demokratie den großen menschheitsbeglückenden Utopien vorzieht. Der Partei der Grünen haben wir doch wenigstens dieses zu verdanken: daß sie solcherlei Lernprozesse öffentlich und damit nachvollziehbar gemacht hat.

Und doch sei zugegeben: ganz verständlich war das nicht, diese 1989 bei vielen so inniglich vorgeführte neue Anhänglichkeit an einen Staat, den mißtrauisch zu kontrollieren in den Szenen der Nation seit den 70er Jahren zum guten Ton gehörte. Es war nicht nur Verlustangst um die schlußendlich doch liebgewonnene Bonner Republik, die den Jubel insbesondere in der 68er-Generation nach dem Fall der Mauer 1989 deutlich dämpfte. Andererseits: es waren nicht nur 68er, die 1989ff. meinten, die westwärts strebenden DDR-Bürger unter den Stichworten «Auschwitz» oder «DM-Nationalismus» warnen zu müssen vor allzu inniger Tuchfühlung mit dem als «soziale Marktwirtschaft» getarnten Kapitalismus westdeutscher Provenienz. Doch wie auch immer: gemeinsam ist solcherlei Abwehr der Zumutungen von 1989ff., daß die Aussicht auf einen gemeinsamen Nationalstaat nicht mehr in die seit 1968, vor allem aber in den 80er Jahren im Westen gewonnenen Vorstellungen über das Verhältnis von Lebenswelten und Staat, von Bürger und Politiker, von Privatsphäre und Öffentlichkeit paßte. Im Satz «Das Private ist politisch» hat Politik sui generis, hat staatliches Handeln, haben nationalstaatliche Optionen das Primat verloren. Das Projekt «Deutsche Einheit» aber ist nichts, was sich sozusagen naturwüchsig aus den Lebenswelten der Bürger entwickeln ließe. Im Gegenteil.

Dies ist eine Bilanz: auch der verschiedenen Versuche, das Private im Verhältnis zum Politischen – und umgekehrt – zu definieren. Der Betroffenheitskult oder, sagen wir es freundlicher, das tagtägliche Engagiertsein, ein moralisches, ein bisweilen sentimentales Verhältnis zur Welt ist insbesondere den «gutwilligen Kreisen» der Bundesrepublik zum Ersatz einer nationalen Identität geworden. Ohne die vermittelnden Instanzen und Distanzen der Politik schien das Wohl und Wehe der Republik vom moralischen Zuschnitt ihrer Bürger selbst abzuhängen – eine Vorstellung, die in der Friedensbewegung Anfang der 80er Jahre einen ihrer Höhepunkte erlebte. Die politische Klasse hat spätestens im vergangenen Jahrzehnt gelernt, auf solcherlei Wünsche und Orientierungen ihrer Klienteil Rücksicht zu nehmen. Auch ihre Vertreter beherrschen mittlerweile die Sprache der Betroffenheit, der Glaubwürdigkeit, der Neuen Nachdenklichkeit – einen Gefühlssprech, den man zu jenen Siegen der Geschichte und der Frauenbewegung zählen muß, vor denen es einen, ehrlich gesagt, bisweilen ziemlich gruselt.

Eine «Sittengeschichte» handelt, wie der Name schon sagt, von der Veränderlichkeit politischer Orientierungen, politischer Stimmungen, politischer Sprachbilder, politischer «Kultur». Einiges des heute Marktgängigen aber erinnert an ältere Ware. Gerade der Betroffenheitskult hat enge Verwandte unter älteren deutschen Traditionen, die klassischerweise als «protestantische Innerlichkeit», als «Gemeinschaft versus Gesellschaft» oder auch als Gegensatzpaar «Kultur gegen Zivilisation» abgehandelt werden. Tatsächlich erinnert seit 1989 in dem jetzt etwas größeren Deutschland vieles an alte deutsche Orientierungen – wobei ein angeblicher «Neonationalismus» *nicht*, so glaube ich, an der Wurzel des Übels rechtsradikaler Gewalt- und Terrorakte liegt. Die Frage lautet vielmehr, ob es nicht neuerdings wieder eine Mischung aus antiwestlichem Ressentiment gerade auch aus dem Osten mit einem faulen Werterelativismus der Westdeutschen ist, die eine alte Formschwäche der Deutschen, was die Demokratie betrifft, wiederaufleben läßt: die Verachtung der demokratischen Formen und Regularien. Nach einem Kapitel, das sich mit der Sentimentalisierung der Politik befaßt und einem zweiten, das die paradoxen Wirkungen von «1968» würdigt, befasse ich mich in einem dritten Kapitel deshalb mit solcherlei deutschen Traditionen – am Beispiel, unter anderen, von Friedensbewegung und Golfkriegsdebatte.

Eine «Sittengeschichte», der jeder ihren essayistischen Charakter anmerkt – sie ist nach oben, unten und zur Seite hin für Interpretation offen –, muß bekanntlich aus den vorgeführten Fundstücken keine neue Weltsicht meißeln, zumal es Menschen gibt, auf die man hören sollte, die von geschlossenen Weltbildern die Nase gehörig voll haben. Aber ich will nicht leugnen, daß die Anordnung des Materials nicht ohne Wünsche ist. Wenn man will, mag man aus den folgenden Kapiteln ein unzeitgemäßes Plädoyer für die Wiedergewinnung der Dimension des Politischen herauslesen – anstelle der Politisierung des Privaten und der Intimisierung der Politik. Und ein altmodisches Votum für die Demokratie mit ihrem strengen Regelwerk anstelle einer «Demokratisierung», die die Grenzen des Engagements der Bürger längst überschritten hat.

I

Politik des Herzens

Im Glassarg

Hinter den Bergen, bei den sieben Zwergen: seit sich der Eiserne Vorhang gehoben hat, eröffnen sich Ausblicke auf märchenhafte Landschaften. Nein, nicht nur im Osten. Auch das dem Bundesbürger (West) vertraute Ambiente hat plötzlich andere Farben angenommen und erscheint, wie bei Alice, mal putzig klein, mal unangemessen groß. Seit 1989 sieht die Welt anders aus – nicht nur, weil sie anders geworden *ist*. Auch ihre jüngste Vergangenheit verändert sich mit jedem neuen Blickwinkel – und nicht nur, weil man hinterher klüger wäre, was ja das mindeste ist, was man als Folge von Revolutionen verlangen kann.

1989 wirft einen Schein der Verklärung und Unwirklichkeit zugleich auf etwas, das bis 1990 als Bundesrepublik Deutschland glaubte, die Spielstätte dramatischer Stücke zu sein – von Rennern wie «1968» oder «Mescalero» über «Raketenherbst» und «Historikerstreit» bis «Die Stadt, der grüne Punkt und der Tod». Heute möchte man das alles zum Dramolettchen erklären, was manchen Betrachtern zuvor als gewichtige Entäußerungen der Weltgeschichte oder des Zeitgeistes erschienen war. Die alte Bundesrepublik – ein Puppenhaus im Wohlstandstango, bevölkert von Märchenprinzen, Quotenfrauen und Peaceniks, in dem sich die notorisch von schlechtem Gewissen gejagte Mittelschicht auf der Suche nach Sinn in aberwitzige Zukunftsszenarien hineinsteigerte – vom atomar vermittelten Weltuntergang über das Waldsterben unter dem Ozonloch bis zum kollektiven Aidstod. Diesem Angriff der bedrohlichen Zukunft auf die Gegenwart gesellten sich die Gespenster der gewalttätigen Vergangenheit des Landes hinzu; eine Mischung, die zum Unwirklichkeitsgefühl seiner Bewohner beitrug. Schuld- und Bedrohungsszenarien kumulierten sich im Laufe der Zeit zum grotesken Syndrom, daß ausgerechnet das Land der früheren Täter sich jetzt als Hort der präsumtiven Opfer fühlte, denen angesichts des Fehlens handfester politischer Eingriffsmöglichkeiten nur mehr die moralischen Instanzen der Entrüstung und der Betroffenheit zu Gebote standen.

Von 1989 aus betrachtet, verbrachte dieses Land unter der Bedingung beträchtlichen Wohlstands die ganzen langen 80er Jahre hindurch mit ebenso leidenschaftlicher wie wirklichkeitsfremder Emphase in ideologischen Sackgassen. Friedensbewegung, Anti-AKW-Bewegung, Selbsthilfegruppe und Frauenbewegung hießen die Formen, in denen sich der prototypische mündige Bürger organisierte; Tschernobyl, das Ozonloch, Aids und sexueller Kindesmißbrauch waren die Katastrophen, mit denen auch die anderen Bewohner des Landes weit intimeren Umgang pflegten als – nur ein Beispiel! – mit dem banalen Leid der ihrer Freiheit beraubten osteuropäischen Nachbarn. Ganz und gar unwillig lugte das Land daher aus dem Faltenwurf des Mantels der Geschichte hervor, in dem es sich so erfolgreich versteckt hatte, als sich abzuzeichnen begann, daß es gezwungen sein würde, als außenpolitische Größe namens «Deutschland» wieder zum welthistorischen Geschäftsgang zurückzukehren.

Diese Sicht ist natürlich herzlich ungerecht. Denn nicht nur konnte man schwerlich voraussehen, daß es einen so erheblichen politischen Regulationsbedarf wie den durch die deutsche Einheit entstandenen jemals wieder geben würde – auch haben die vergangenen Illusionen ja weiß Gott Tugenden bewirkt. Die bundesrepublikanische Selbstvergewisserung mitsamt ihren hysterischen Extremen hat zur Zivilisierung dieses Landes Beachtliches beigetragen, die sozialen Bewegungen haben, ganz abgesehen von ihren Inhalten, dem alten Obrigkeitsstaat gründlich den Garaus gemacht. Und: die Verweigerung von Wirklichkeitswahrnehmung war 1989ff. weitverbreitet, wozu die jüngste, die jüngere und die schon ganz schön angestaubte deutsche Geschichte weidlich beigetragen haben.

Deshalb, liebe 89er-Generation, der Böswillige gern den Ausruf unterstellen: «Sowenig Vergangenheit war nie!» – deshalb hier noch einmal, bevor wir uns endgültig in der Gegenwart wiederfinden, der Blick zurück nach vorn: Grenzen und Chancen der Bundesrepublik zum Zeitpunkt ihres Verschwindens – oder auch: Abschied von den 80ern. Denn der zweifelsohne böse Blick, den die Perspektive «1989» auf das Vorhergehende fallen läßt, ist so ungerecht wie didaktisch wertvoll: so gewinnt vielleicht Konturen, was bleibt und was zu Recht zugrunde geht.

Die goldenen 80er

In den 80er Jahren kam der Bundesrepublik Deutschland die Politik abhanden. Sowenig Staat war nie – es schien ja auch nicht viel zu regieren zu geben. Hans Magnus Enzensberger applaudierte dem «Zurückwachsen der Politik in die Gesellschaft»[1], und auch andere hielten der permanenten Klage über den Kanzler oder gar über einen angeblichen konservativen Rollback entgegen, daß man sich vielmehr glücklich schätzen könne, in der Regierung von CDU/CSU und FDP unter Kanzler Kohl über die «erste realistische Regierung seit Kriegsende» zu verfügen.[2] Die Bundesregierung schien den Prototypus einer zivilen Regierung zu verkörpern, deren Distanz zur Wählerschaft gering war – nicht nur, weil sie in ihrem Kanzler den deutschen Durchschnittsmann zu verkörpern schien, wie Helmut Kohl gemeinhin unterschätzt wurde, sondern vor allem, weil sie sich immer wieder in vorauseilendem Populismus den Interessen der Wähler anzupassen verstand, was zwar manchmal, aber nicht immer das Dümmste sein muß.

Der gewiefte Machtpolitiker Kohl verstand es, nicht nur im

Ausland den Eindruck zu verbreiten, von Deutschland (West) gehe eine Gefahr nicht mehr aus, sondern auch den Bundesbürgern zu vermitteln, daß Politik ein pragmatisches Geschäft ist, das ohne das Schwingen von Flaggen und hehren Worten auskommt und auch der großen Führer, Staatsmänner und Helden nicht bedarf. Was manch einer heute beklagenswert findet, konnte damals als sinnvolle Arbeit an der überkommenen Staatsästhetik der Bundesbürger aufgefaßt werden – die ewigen Pannen der Regierung Kohl, der Mangel an Autorität, das Defizit an politischer Führung, die unter Helmut Schmidt noch mit harter Hand und jeder Menge «Haltung» stattgefunden hatte: all diese regierungsamtlichen Funktionsmängel veranlaßten die Bundesbürger, obrigkeitsstaatliche Erwartungs- und Ergebenheitspotentiale zurückzuschrauben. Der Staat, die Politik – das funktionierte wie alles andere, wie alle anderen auch: gerade so mehr oder weniger. Der Zeitgeist hatte die Untertanenmentalität erbarmungslos exorziert, derzufolge alles vom Staat, nichts vom Bürger ausgeht.

Neben all den völlig unbestreitbaren Verdiensten, die Kohl 1989 in Sachen deutscher Einheit erworben hat, hat er sich in den Jahren zuvor um die Erziehung der Deutschen zu Bundesbürgern verdient gemacht – zu Angehörigen eines Gemeinwesens ziviler Individuen, die jeglicher Obrigkeit derart souverän und gelassen entgegentraten, daß auch deren Vertreter sich dem neuen zivilen Habitus bald anbequemten. Wir wollen diesen Fortschritt festhalten, auch wenn über seinen Preis noch zu reden sein wird.

Gerade unter konservativer Ägide erlebte die Bundesrepublik, nach den Auseinandersetzungen der 70er und zu Beginn der 80er Jahre, also einen weiteren Modernisierungsschub: Der alte deutsche Obrigkeitsstaat war verschwunden, an seine Stelle war weniger der «Ausschuß der herrschenden Klasse» getreten, wie die Linke befürchtet hatte, als vielmehr eine Art Ausschuß der Lebenswelten, eine Clearingstelle für Lobbyisten. Die These vom «Zurückwachsen der Politik in die Gesellschaft» applaudierte den zivilen Qualitäten eines Landes, in dem über die großen politischen Fragen nicht autoritär an der politischen Spitze, sondern im (alltäglichen) öffentlichen Diskurs entschieden werde. So jedenfalls feierte sich der Zeitgeist – dem selbst mächtige Wirtschaftsgruppen Reverenz erwiesen, denen die Abwesenheit von Politik einigen Spielraum bot.

Tatsächlich war die «geistig-moralische Wende», die Helmut Kohl 1982 versprochen hatte, weitgehend ausgeblieben, kam es keineswegs zu einem auf der Linken gefürchteten «großen Aufräumen», zu einer konservativen Hegemonie der Gesellschaft. Im Gegenteil: eine eher linksliberale Öffentlichkeit überprüfte die neuen politischen Machtverwalter ständig auf konservative Ambitionen, die, wagten sie sich einmal hervor, von «der Gesellschaft» geübt gekontert wurden. Des Kanzlers wiederholt in Szene gesetztes Verlangen nach «Normalisierung» erzeugte stets dialektische Effekte – namentlich die vielleicht intensivsten Debatten über den Nationalsozialismus, die es jemals in Deutschland, Ost oder West, gegeben hatte.

Die 80er Jahre erwiesen sich nachgerade als Habermassches Diskursparadies, waren geprägt von einer über die Medien vermittelten Selbstthematisierung der Deutschen in Vergangenheit und Gegenwart. Ob Helmut Kohl den amerikanischen Präsidenten Ronald Reagan nach Bitburg vor Gräber von SS-Angehörigen beorderte oder mit Mitterrand – in versöhnender Absicht händchenhaltend – über den Gebeinen der im Ersten Weltkrieg vor Verdun gefallenen Kriegsgegner Mahnwache stand; ob es im «Historikerstreit» um «Relativierung» der deutschen Verbrechen während des Nationalsozialismus zu gehen schien oder ob der Kanzler sich und uns alle in einem «Deutschen Museum» auch der guten Seite der deutschen Geschichte versichern wollte – die kritische Öffentlichkeit ließ solcherlei Ausflüge ins positive Nationalgefühl stets in einer Zurückweisung jeglicher Beschließung deutscher Vergangenheit münden, wenn auch keineswegs immer mit einwandfreien Argumenten.

Nun mag man einwenden, daß solcherlei Gewissenserforschung gemeinhin auf die Feuilletons und auf die gebildeten Stände beschränkt bleibt – und doch hatte sich der Kampf um die Lufthoheit über bundesdeutschen Stammtischen stets auch in Meinungsumfragen niedergeschlagen. Der recht komplizierte «Historikerstreit» etwa hat in westdeutschen Köpfen fest das Unvergleichbarkeitsgebot verankert. Die Überzeugung von der Einmaligkeit deutscher Verbrechen unter dem Nationalsozialismus bestimmt noch heute die Auseinandersetzung mit den Verbrechen von Stalinismus und Kommunismus – durchweg, leider, zum Nachteil der Aufarbeitung der letzteren Vergangenheit. Die Asyldebatte, 1986 das erste Mal mit einer gewissen Heftigkeit geführt, kehrte damals die Umfrageergebnisse regelrecht um: Nachdem vorher eine starke Minderheit in der wachsenden Zahl von Asylsuchenden eine Gefahr sah, war hernach klar, daß es die Stimmung in der Bevölkerung nicht ratsam erschienen ließ, eine Asylrechtsänderung zu betreiben. Kanzler Kohl in der Weisheit eines unendlichen Opportunismus hielt sich – damals – daran.

Die «Stimmungsdemokratie» der 80er Jahre verlieh den Wählern eine bis dato in Deutschland nicht vertraute Souveränität: Von weltanschaulichen und religiösen oder anderen traditionsabhängigen Bindungen frei, trieben sie die Parteien durch zunehmend unkalkulierbares Verhalten vor sich her – der Wechselwähler und, vor allem, die Wechselwählerin wurden zum inkarnierten Schrecken der politischen Klasse. Der Allmacht der Parteien im Bereich des Politischen gesellte sich ihre Ohnmacht angesichts immer schwächerer Legitimation in immer häufiger werdenden «Entscheidungswahlen» hinzu – da mehr und mehr auch Landes- und Kommunalwahlen als Indikator für den Ausgang der Bundestagswahl gelesen wurden.

Die Volksparteien der 80er Jahre reagierten mit Anpassung an das, was sie mit gutem Recht als Wählerwillen erkannten – und gaben damit immer mal auch den vernünftigeren Neigungen der Bevölkerung nach. Daß etwa die CDU – noch vor der SPD – die Frauen als zu umwerbendes Wählersegment erkannte, verdankte sich dem zunehmend «modernen» Verhalten der Wählerinnen: Sie gaben ihre Stimme nicht mehr gleichsam naturgemäß der Partei, die mit der Familie die faktische oder potentielle Subsistenzgrundlage der Mehrheit der Frauen verteidigte, sondern der Volkspartei, die Sicherung und sozialen Ausbau eines Arbeitsplatzes versprach, was seit den 70er Jahren für mehr Frauen immer wichtiger wurde. Prognostizierter Facharbeitermangel und gute Konjunktur machten die zweite Hälfte der 80er Jahre zum frauenfreundlichen Eldorado – nicht nur, wenn auch weitgehend auf symbolischer Ebene.

Überhaupt dominierten in den 80er Jahren «symbolische Politik» und «weiche Themen»: Politik, die substantiell nichts gestaltete oder veränderte, aber avancierten Lobbys (den Frauen, der neuen Mittelschicht usw.) schmeichelte – in diesem Kontext sind die Sprachkorrekturen, die der Feminismus der Politik abverlangte, von Bedeutung gewesen, ebenso wie die Verleihung des Etiketts «Frauenministerin» an Rita Süssmuth. Wir müssen es uns wohl als Erfolg anrechnen, daß seit Mitte der 80er Jahre der weibliche Plural unseren Männern auch in garantiert frauenfreien Räumen glatt von den Lippen geht. z.B. Feministinnen

Die populistische Attitüde der großen Parteien konnte dabei durchaus als Dominanz der Lebenswelten, als «Zurückwachsen der Politik in die Gesellschaft» gefeiert werden – was konnte schon schlimm daran sein, auch einmal aufs «Volk» zu hören, das sich ja längst nicht mehr nur als großer Lümmel gerierte, sondern ab und an durchaus mit Durchblick begabt war? Mählich setzte sich in der Bundesrepublik die Vorstellung durch, die Deutschen nicht mehr als Objekt beständiger Erziehungsarbeit in Sachen Demokratie zu betrachten, sondern als pfiffige Auskunfteien über den Geist der Zeit. Das Ausmaß dieser Veränderungen begreift wohl nur, wer noch den gegängelten Zeitgenossen der Adenauer-Ära vorm inneren Auge erstehen lassen kann, der vor jedem braven Parkuhrkontrolleur Haltung annahm.

Diese Dominanz der Lebenswelten gegenüber dem Bereich der Politik, wie sie in «symbolischer Politik» und «weichen Themen» verkörpert ist, hatte in den im nachhinein so unendlich luxuriös und friedvoll erscheinenden 80er Jahren eine Vorstellung völlig verdrängt: daß es Aufgabe von Politik *sui generis* sein muß, das als Notwendigkeit erkannte Allgemeine auch gegen mutmaßlichen Wählerwillen oder Volkes Stimmung durchzusetzen – man erinnere sich an den Beschluß zur Stationierung der Mittelstreckenraketen unter Kanzler Helmut Schmidt, eine im nachhinein gerechtfertigt anmutende Entscheidung, die sich indes damals nur sehr geringer Beliebtheit erfreute. Den Todesstoß versetzte dieser Vorstellung von Politik Anfang der 80er Jahre Niedersachsens Ministerpräsident Ernst Albrecht, als er das Atommüllendlager in Gorleben für «politisch nicht durchsetzbar» erklärte. Das mochte eine richtige Einschätzung gewesen sein, ihre Begründung war es nicht. Sie macht die Differenz noch zu den 70er Jahren indes überdeutlich: Plötzlich diktierte «die Straße» die Landespolitik – «die Straße» oder «der Pöbel», wie damals noch das abwertende Politikerwort für jene Bewegungen, Gruppen, Initiativen lautete, die man ein Jahrzehnt später als «mündige Bürger» schätzen lernte.

Auch dieses Eingeständnis der Politik gegenüber den Bürgern oder der Gesellschaft kann man nicht hoch genug veranschlagen – in all seiner Ambivalenz. Heute gilt es in Politikerkreisen als progressiv, die Bürger möglichst umfassend zu beteiligen – ehrlicher formuliert: sich gegen das Risiko, Wähler zu verstimmen, möglichst gut dadurch abzusichern, daß man ihnen weitreichende Mitsprachemöglichkeiten einräumt. Dieser Taschenspielertrick tarnt sich als das weit hehrere Anliegen, politischen Entscheidungen mehr Legitimität zu verleihen. Im Konfliktfall aber bedeutet diese Art des Populismus nicht nur eine Selbstbeschränkung der Politik auf das, was den Bürger nicht verprellt – sie fordert diesem auch ab, was man von ihm legitimerweise gar nicht verlangen kann: über die eigenen Lebensentscheidungen hinaus auch noch fürs Große Ganze zuständig zu sein. Zu Recht darf der Bürger einwenden, daß er just das an die Politiker delegiert habe.

Nun – in den goldenen 80ern forderten weder große nationale Anliegen noch andere Fragen von allgemeiner Bedeutung Repräsentanz im Politischen heraus: jene den frei gewählten und nur ihrem Gewissen verantwortlichen Abgeordneten unterstellte und abverlangte Fähigkeit, des Bürgers Willen nicht nur einfach abzubilden, sondern ihn im politischen Verhandlungsprozeß zu mediatisieren, zu verfeinern, zu veredeln von der Summe individueller, lokaler oder regionaler Egoismen zum repräsentativen Konsens – was ja weit mehr ist als der schlichte Mehrheitsentscheid; statt dessen dominierte der Betroffenheitsgestus politischer Minderheiten, ein avancierter Lobbyismus, der die Klientel, die die Volksparteien zu befriedigen hatten, um einige weitere ergänzte, die sich zunächst vor allem bei den Grünen sammelten. Die immense Bereicherung und Erweiterung bundesdeutscher Vorstellungen vom «richtigen Leben» – denken wir nur an die toleranzfördernde Lebensstilkonkurrenz durch Schwule und Lesben – beschleunigte aber auch den Hang der Parteien zu symbolischer Politik plus Klientelbefriedigung. Die Grünen machten da vielfach den Vorreiter, deren «Basisdemokratie» besonders schnell zur «Basokratie» degenerierte, also zur durch keinerlei Kontrollmechanismen mehr begrenzten Herrschaft der mittleren Funktionäre.

All diese Prozesse waren, wie es sich gehört, von ambivalenter oder sogar dialektischer Wirkung. Der Politisierung der Bürger entsprach die Entwertung der etablierten Politik, der Demokratisierung die Minderbeachtung der Demokratie und ihres rechtsstaatlichen Formenkanons. Die 80er Jahre waren vom Verschwinden der Politik geprägt, vom Verschwinden politischer Begrifflichkeit. Bismarcks Diktum: «Entrüstung ist keine politische Kategorie», wäre damals nicht verstanden worden, denn die 80er Jahre waren überreich an Entrüstung und Betroffenheit, aber arm an Maßstäben. 1989 erwies sich, daß sich diese friedliche Zeit dem Leben in einer Nische der Weltgeschichte verdankte, in der bundesdeutsche Politik weder im Inneren noch nach außen hin im Übermaß gefordert war. Nach außen hin konnte man andere entscheiden lassen, und im Inneren hatte man es noch immer mit einer weitgehend kohärenten Gesellschaft zu tun, mit einer Gesellschaft, in der ein prosperierender Mittelstand dominierte und selbst das untere Drittel noch partizipieren konnte an der Verteilung scheinbar nicht versiegender ökonomischer Zuwächse.

Was war das, in der Summe, für ein friedliches Jahrzehnt! Dem Linksterrorismus waren die Sympathisanten ausgegangen, und die CDU, die faktisch ein konservatives Profil längst verloren hatte, hielt in aggressiven Wahlkämpfen noch immer ihre große historische Leistung der Nachkriegszeit aufrecht: den rechten Rand zu halten. Die Grünen hatten die Selbstintegration der aus der 68er-Bewegung hervorgegangenen Milieus und Szenen mit dem Heraustreiben des «Fundi-Flügels» zu einem gut reformistischen Ende gebracht und der Politik insgesamt zwei wichtige Topoi beschert: die Ökologie als allgemeines Anliegen, als neue Gattungsfrage sozusagen, und den plebiszitären Mythos von der «Basisdemokratie», von der beständigen Durchdemokratisierung des Lebens. Das Westdeutschland der pluralen Lebensstile, der Regionen und der Szenen, des avancierten Provinzialismus[3], sah gelassen seinem Aufgehen in Europa entgegen. Da verhagelte das Aufreißen des Eisernen Vorhangs uns die zivilgesellschaftliche Idylle.

Heute scheinen wir vor Fragen zu stehen, die genuin politischer Natur sind und nicht von «der Gesellschaft», von den «Lebenswelten» geregelt werden können, in die «die Politik» zurückgewachsen sei. Heute darf man fragen, ob die Demokratisierungsbewegungen dem institutionellen Gefüge der Demokratie wirklich zugute gekommen sind, ob die ubiquitäre Politisierung des Bürgers wirklich die Nachfrage nach Politik erhöht und ob das allgemein gewachsene Moralisierungsniveau wirklich das Gespür für die Vorzüge des Rechtsstaates befördert hat.

Politikverdrossenheit

Wer heute über Mangel an politischer Führung klagt, muß hinzufügen, daß just diese Ware in den hedonistischen 80ern nicht sonderlich nachgefragt war, weshalb es uns nicht wundern sollte, daß die damit einhergehenden Kompetenzen verschwunden sind. Zwar ist, wie gesagt, «die Gesellschaft» keine Ersatzkategorie für «die Politik». Aber ansonsten besteht zu Überheblichkeit kein Anlaß: Wir haben hierzulande vielleicht nicht die Politiker, die wir verdienen, wohl aber solche, die ihr Ohr dem Raunen des Zeitgeistes besonders eifrig geöffnet haben – ein Fortschritt (oder nicht?) gegenüber starrsinniger Prinzipienreiterei und konventioneller Unbeweglichkeit.

Natürlich ist das ungerecht, dieses dauernde Schimpfen auf die politische Klasse, die nörgelige Politik- und Parteienverdrossenheit von Bürgern, Wählern und Meinungsbildnern, dieses allgemeine Naserümpfen über all das, was zuvor noch als erstaunlich zivil, modern und «realistisch» durchgehen mochte. Worüber wird geklagt? Hatte der aufgeklärte westdeutsche Mensch nicht längst gelernt, den Wahlkampf der Parteien als branchenüblichen Theaterdonner zu durchschauen, die Profilierungsdebatten und Hahnenkämpfe nicht weiter ernst zu nehmen und auch politische Phrasendrescherei noch als Teil jener Demokratie westlichen Zuschnitts zu lesen, deren Nachteile groß, deren Vorteile aber noch größer sind? Woher heute die Erregung über das Menschlich-Allzumenschliche auch bei Politikern, woher der saubermännische Eifer beim Enttarnen eines Rotlicht-Lafontaine oder eines Streibl-Amigos und eines Putzfrauen-Krauses?

Nein, die Skandalaufdeckerei, jede Woche neu, ist öd und blöd – und, ehrlich gesagt: die politische Klasse hatte schon schlimmere Verdachtsmomente gegen die junge Nachkriegsdemokratie auszuräumen. Die allzu bereitwillige Integration vieler Nazis nicht nur in die bundesdeutsche Nachkriegsgesellschaft, was verdienstvoll war, sondern auch in die höheren Ränge der Politik – von Globke bis Filbinger –, hält noch heute bei vielen Nachkriegsgeborenen ein luxurierendes Mißtrauen in die bundesdeutsche Demokratie wach. Ein Effekt, über den man auch, was den Osten Deutschlands betrifft, immer mal wieder nachdenken sollte.

Im Unterschied zu dem bißchen Bereicherungslust und Amtsmißbrauch, über die wir heute reden, war die Parteispendenaffäre, zum Beispiel, nicht nur eine Angelegenheit weit höherer Beträge, sondern auch produktiver Anlaß zur Selbstbelehrung von Politik und Publikum über das, was in der Demokratie läßlich und was skandalös ist. Heute bestätigen die Histörchen über eine neuerliche Vorteilsnahme lediglich das grassierende Ennui: wie verächtlich sie doch ist, die politische Kaste, die sich aus minderen Beständen rekrutieren muß, weil ein Mensch von Verstand und Niveau sich auf das «schmutzige Geschäft» Politik nicht einlassen würde! Die Empörung über die «Selbstbedienungsmentalität» der Parlamentarier und die Cliquen- und Klientelwirtschaft der Kommunalpolitiker sollte nicht vergessen machen, daß Führungskräfte in der Wirtschaft des Zigfache dessen verdienen, was der Oberbürgermeister, sagen wir mal: Frankfurts am Main, nach Hause trägt – der übt sein Amt unter schwierigeren Bedingungen aus zumeist und selten mit weniger Kompetenz.

Die Empörung über den Bereicherungswillen öffentlicher Personen ist seltsamerweise weit größer als die Entrüstung über ihre falschen oder fehlenden Entscheidungen. Vor allem aber spielt in den Debatten über den moralischen Zustand unseres Führungspersonals die für den Zustand der Demokratie viel entscheidendere Frage keine Rolle, ob nicht der wahre politische Skandal weniger im Fehlhandeln zu eigenen Gunsten liegt, sondern im Gegenteil: im Abweichen von den politischen Regeln aus hochmoralischen Gründen, etwa eines vermuteten nationalen Notstands wegen. Das Gespür für die Regeln bleibt unentwickelt, wenn es sich allein auf den verächtlichen Eigennutz bezieht – aber wie schon im 19. Jahrhundert ist auch heute noch dem aufgeklärten Publikum die «Interessiertheit» das Suspekte, nicht aber die Verletzung des Procedere, wenn es, angeblich, um Höheres geht.[4]

Überdies könnte sich unsere Gesellschaft in dieser Hinsicht ja der Wirksamkeit öffentlicher Kontrolle regelrecht rühmen: letztlich fliegt bei uns nämlich alles auf, vor allem die kleine Schweinerei. Doch auch das ist ein schwacher Trost, seit uns Aussitzkünstler wie Helmut Kohl oder Manfred Stolpe darüber belehrt haben, daß nur gehen muß, wer dazu von der politischen Klasse und den in ihr obwaltenden Machtverhältnissen gezwungen wird. Mit den jüngsten Demissionen von Regierungsmitgliedern haben wir letztlich gar nichts über die Maßstäbe erfahren, an denen hierzulande Verhalten gemessen wird – weshalb das Publikum zuviel Wohlanständigkeit lieber nicht nachfragen sollte. Die kleinen Sünden der Politiker sind das Spielmaterial, mit denen ihr politischer Gegner sie gegebenenfalls aus dem Geschäft räumen kann, begleitet vom Beifall der Öffentlichkeit. Solcherlei Säuberungsaktionen ändern nichts an der Qualität unserer Politik und befriedigen auch ein verargertes Publikum nur kurzfristig.

Daß Politiker nicht tun, was und wie sie sollen, ist unübersehbar. Doch das an den Stammtischen der Nation gepflogene gesunde Volksempfinden der postmodernen Art, wie es in den Meinungsblättern kolportiert wird, drückt sich vor der unangenehmen Erkenntnis, daß wir noch immer das politische Personal haben, was «die Gesellschaft» der 80er Jahre nachgefragt hat – eine Gesellschaft, die sich viel auf ihre postnationale Identität eingebildet hatte, auf ihr auf- wie abgeklärtes kosmopolitisches Selbstverständnis, auf ihre Distanz zu allem, was früher einmal als besonders deutsch galt und mit den Vokabeln Pflicht, Fleiß und Ordnung bezeichnet ist. Daß Politiker heute verkünden, sie hätten «Lust» auf Politik und seien ganz heiß auf die Macht und «verliebt ins Gelingen» – dieses postmoderne Geschwätz haben wir, die Wähler, ihnen beigebracht. Oder hat irgendwer noch bis vor kurzem von ihnen gefordert, sie sollten, verdammt noch eins, einfach mal ihre Pflicht tun und nicht soviel herumreden?

Was Wunder also, daß uns eine gelehrige politische Klasse, in Bedrängnis geraten, heute beim Anspruch packt und den Wählern die avancierten Sprüche von gestern zurückspielt: man dürfe nicht alles der Politik anlasten und ihr überlassen, man solle nicht alle Erwartungen an den demokratischen Staat und seine Institutionen richten, auch die Gesellschaft sei gefragt. Da das natürlich – irgendwie! – immer auch richtig ist, zuckt die mündige Bürgerin getroffen zusammen. Wer will sich schon bei obrigkeitsstaatlichen Sehnsüchten ertappen lassen?

Die These, daß die «Basis» bestimme, wo's lang geht, und nicht «die da oben», war richtig und wichtig beim Erwerb staatsbürgerlicher Kompetenzen, die heute uns aufgeklärte Bürger so auszeichnen. Sie entstammt überdies einer Zeit, als die Grenzen zwischen staatlichem Handeln, politischem Gestalten und gesellschaftlicher Selbstverpflichtung zu verschwimmen schienen. Es käme heute hingegen darauf an, die jeweiligen Aufgabenbereiche wieder deutlich voneinander zu scheiden: Tatsächlich brauchen wir alle drei Ebenen. Da indes politisches Handeln und Gestalten so eklatant ausbleiben, macht der Verweis auf «die Gesellschaft» mißtrauisch. Heute, behaupte ich, hat die These von der Dominanz des Lebensweltlichen gegenüber dem im klassischen Sinn Politischen eine Funktionsveränderung erfahren – von einer progressiven Behauptung des mündigen Bürgers gegen den Obrigkeitsstaat ist diese These zum Entlastungsangriff der politischen Klasse auf den verdrossenen Bürger geworden.

Denn schließlich: wir haben die Politiker, die wir uns erzogen haben. Bei liebevoll-nachsichtigem Blick auf sie müssen wir ihnen zugestehen, daß sie in den 80er Jahren in ihrem zutraulichen Opportunismus und Populismus die erstaunlichsten Lernprozesse vollführt haben. Vor allem ein Bündel urdeutscher Eigenschaften ist vielen von ihnen dabei völlig abhanden gekommen: das, was Oskar Lafontaine einst mit Adorno als «Sekundärtugenden» an Altbundeskanzler Helmut Schmidt verworfen hatte, jene preußische Pflicht- und Ordnungsliebe, mit der man «auch ein KZ betreiben» könne.

Was «sekundär» heißt, ist, natürlich, in der moralischen Hierarchie schon mal abgewertet – und nichts könnte einem wichtigen und wachsenden Teil der Deutschen heute ferner liegen als die Akklamation solcher früher als typisch deutsch geltenden Tugenden wie Pünktlichkeit, Pflicht- und Verantwortungsgefühl, Zuverlässigkeit oder gar Ruhe und Ordnung, Regelorientierung, Vertragstreue. Ganz zu schweigen von der «Haltung» und den «Manieren». Bevor nun darüber zu reden wäre, ob ihr Verschwinden überhaupt zu beklagen ist, wer wieder einmal daran schuld war (die 68er, wer auch sonst!) und ob man überhaupt neu bekräftigen kann, was so deutlich jeglichen bindenden Einfluß verloren hat, sollte man sich noch einmal diese Kulturrevolution vor Augen führen, die das jahrhundertealte Bild dessen, was angeblich deutscher Nationalcharakter ist, so gründlich zerstört hat.[5]

Die Sekundärtugenden wie Pflicht- und Verantwortungsgefühl haben, jedenfalls was ihre Belobigung in der Öffentlichkeit betrifft, völlig abgewirtschaftet zugunsten von Einstellungen, die der postmateriellen Werterevolution zugeschlagen werden. Von «Pflicht» ist nicht mehr die Rede, seit wichtiger geworden ist, daß man «Lust» auf etwas hat. Von «Verantwortung» redet nicht, wer den Imperativ von der «Selbstverwirklichung» noch im Ohr hat. Statt um «Arbeit» kreisen anerkannte Werte

Di, 3. Juni '97

heute um den «Erlebniswert» von Sachen, Ereignissen und Personen.[6] Es kommt, mit anderen Worten, weniger darauf an, was man tut oder läßt, sondern wie man sich dabei fühlt.

Erst der Vergleich macht deutlich, wie sehr dieses Lebensgefühl in die Politik eingebrochen ist, in diesen Bereich, der noch den Schein von Öffentlichkeit *sui generis* reklamiert. Noch in den 60er Jahren galt die Politik als harte, männliche Domäne, als gänzlich unsentimentale Angelegenheit, als Reich, in dem Sachlichkeit regiere, zusammen mit Pflicht, Verantwortung und Ordnung, Tugenden, denen gegenüber als privat wahrgenommene Empfindungen wie Gefühle etc. zurückzustehen hätten. «Das gehört nicht hierhin!» ist ein Satz, der uns, die wir in den 60er Jahren heranwuchsen, in die Disziplin der scharfen Trennungen der Bereiche nahm: Hier war das Reich der Empfindungen, das ganz nahe am Reich der Hausfrau lag, dort war die Domäne des Sachlichen, in der Männer mit harten Zügen um den Mund das Sagen hatten – Gesichtszüge, die sich dem lastenden Gewicht der Welt verdankten und die nur zu Weihnachten weich wurden, wenn ihr Träger in seiner Ausformung als «Vati» zu Hause für wenige Stunden die Zeitung sinken ließ.

Heute würde man diesen Typus womöglich «überkontrolliert» nennen, damals entsprach es der «Haltung» und dem Komment, die Fassung nur dort zu verlieren, wo es ausdrücklich erlaubt war: auf Karnevalssitzungen, beim Betriebsausflug (aber bitte nicht zu sehr), am Vatertag. Kaum etwas darf man sich als abschreckender vorstellen als diese kontrollierte und gutorganisierte Fröhlichkeit – oder auch die Jovialität, die der Bürger zu solchen Anlässen über Untergebene oder Angehörige der unteren Klassen ergehen ließ. Doppelmoral und Höflichkeit verdeckten in den Kreisen der nivellierten Mittelschicht nur dürftig das geballte Ressentiment derjenigen, denen Hannah Arendt bei ihren Deutschlandbesuchen in den 50er Jahren begegnete: den zu Unrecht vom Schicksal gestraften Herrenmenschen a.D.

Alte deutsche Politikverdrossenheit hatte sich am Desaster des Dritten Reichs neu aufgeladen und sich mit den Insignien kleinbürgerlicher Wohlanständigkeit verbündet. Zum neuenalten guten Ton gehörte ein entwickeltes Gespür dafür, was wann statthaft war. Während uns heute ein gutes Gespräch über das Wetter, also das, was man mit Fug «Konversation» nennen könnte, schwerlich noch gelingen dürfte, die Meinungen über Politik und Zeitgeschehen aber jederzeit abfragbar sind, war es damals in gutbürgerlichen Haushalten höchst unstatthaft, beim Essen über Politik oder das Geschäft zu reden – und wildfremden Menschen hätte man niemals die politische Meinung offeriert, man hätte ihnen ja auf die weltanschaulichen Zehen treten können.

Wie segensreich solcherlei Grenzziehungen sein können, wie wichtig und legitim sie im übrigen sind, wenn es in einer Gesellschaft darum geht, sich wieder zu «fassen», «Haltung» zu gewinnen, mußte den Nachgeborenen entgehen. Meine Generation kämpfte einen unerbittlichen Kampf gegen die Verlogenheit der Formen und die Unbiegsamkeit der Regeln und attackierte gnadenlos auch Feinheiten im menschlichen Umgang, die man der Zivilisiertheit hätte zuschlagen können, wären sie nicht von den «falschen» Leuten verteidigt worden.

Viele Kategorien des Umgangs, die selbst nach zwei Jahrzehnten des Beziehungsgesprächs noch als «ehrlicher» und damit auch als moralisch unanfechtbar erscheinen, verdanken sich nicht nur der postmateriellen Werterevolution, sondern der jüngeren deutschen Geschichte, die den Generationsbruch der 60er Jahre so besonders tief werden ließ. Das Erlebnis eines lähmenden wie aggressiven, eines «lauten» Schweigens der Eltern einte die rebellierende Jugend von 1968, die hinter der Wortkargheit der gerade vom Ärmelhochkrempeln und Aufbauen heimgekehrten Elterngeneration nichts als Schuld mutmaßte. Hier liegt, zumindest in Westdeutschland, eine der Wurzeln des tabubrechenden Redezwangs der Nachgeborenen – den Hinweis auf die zivilisierende Wirkung des Schweigens, auf die gebotene Rücksichtnahme auf den anderen, deuteten wir regelmäßig als Verschleierungstaktik. Denn hinter den um Fassung und Haltung bemühten Vätern witterten wir den nationalsozialistischen Massenmörder oder wenigstens den Mitläufer – eine Kategorie Mensch, für die die moralisch hochgestimmte Jugend noch nie und nirgends viel Verständnis aufgebracht hat. Das übergroße Mißtrauen gegen alles, was «Normalität» für sich reklamiert, ebenso wie das Urvertrauen in das gute, das offene Gespräch, die Forderungen nach «Identität» und «Authentizität» resultieren aus diesem Verdacht: Hinter der zivilisierten Fassade lauere das Monster, weshalb dem Biedermann die Charaktermaske vom Gesicht gerissen gehöre.

Die rebellierende Jugend damals reklamierte die Gefühle gegen den Sachzwang, die subjektive Betroffenheit gegen die «Scheinobjektivität», etwas, das höchstens noch vom «verdinglichten» Bewußtsein ins Feld geführt wurde. Dieser Feldzug gegen die Sekundärtugenden hat überreich Früchte getragen – zumal gewichtige Verbündete hinzukamen. In der Frauenbewegung der 70er Jahre spielte die Subjektivität als erkenntnisleitende Kategorie eine womöglich noch größere Rolle: Hier wurde vehement ein Politikverständnis attackiert, das in seinem säuberlichen Schubkastendenken von «Das gehört hier (jetzt) nicht hin!» insbesondere die noch nicht so prima abgerichtete subjektive und moralische Perspektive der Frauen diskriminierte. Mit persönlicher Betroffenheit wurde gegen das «Objektive», «Sachliche», Gefühlsferne der Politik argumentiert. Mit durchschlagendem Erfolg: Betroffenheitskult und Gefühlssprech haben ihre Entstehungsgeschichte weit überlebt.

Die Parole, daß «das Private politisch» sei, stammt aus dieser Zeit, als die neuen Bedürfnisse noch gegen die alten Grenzziehungen und Kompetenzverteilungen durchgesetzt werden mußten. Damit war zunächst das heute Selbstverständliche gemeint: daß das Private nicht nur mindestens die gleiche Dignität habe wie das Politische, daß es nicht nur das «bloß Besondere» gegenüber dem Allgemeinen repräsentiere, sondern daß in dem der Politik vorgelagerten Bereich vitale Entscheidungen getroffen werden (von der Familiengröße zur Waschmittelwahl), die man heute unter die Rahmenbedingungen der Politik zählen würde und von denen sie abhängig wie abgeleitet ist.

In dem Bereich, den man politische Kultur nennt, aber hat diese These auf umgekehrte Weise reüssiert: Hier wurden die Kategorien des Privatlebens der Sphäre der Politik übergestülpt, möchte man fast von einer Privatisierung, von einer Eingemeindung des Politischen reden. «Symbolische» Politik, «weiche» Themen und ein wolkiger Gefühlssprech haben die alten Sekundärtugenden verdrängt. Wer das begrüßt, muß auch die Verluste benennen.

Die Glaubwürdigkeitslücke

Das Vorurteil, daß, wer Gefühl zeige, der ehrlichere Mensch sein müsse, fegt im heutigen politischen Geschäft dem schlitzohrigen Selbstdarstellertalent die Bühne frei. Wer da nicht mithalten kann, hat ausgedient. Der Fall Philipp Jenninger verdeutlicht die Revolution vielleicht am besten, die seit den Tagen von Pflicht- und Verantwortungsgefühl passiert ist. Er mußte – erinnert man sich noch? – als Bundestagspräsident gehen, darin war sich die teilnehmend-beobachtende Öffentlichkeit weitgehend einig, weil er in einer Rede zum 50. Jahrestag der «Reichskristallnacht» nicht genug Gefühl gezeigt hatte – weil er eine «ehrlich» gemeinte und im wesentlichen schwerlich zu beanstandende Rede ohne die heute erforderlichen Gesten von Abscheu und Empörung vorgetragen hatte. Wer die Rede gelesen hat, versteht die Aufregung nicht ganz. Wer ihn – per Fernsehen – dabei gesehen hat, der hat indes in Philipp Jenninger den Typus eines durch und durch altmodischen Politikers erblickt, der stocksteif und verklemmt den Glauben repräsentierte, es komme ausschließlich auf den Gehalt und nicht auch auf die Vortragsweise an.

Daß die Form dem Inhalt *nicht* äußerlich ist, wollen wir festhalten. Im bundesdeutschen Talk-Show-Modus aber kommt die Darstellungsweise mittlerweile gänzlich ohne Substanz aus. Auch wenn sich investigative TV-Moderatoren noch so sehr in den Entlarvungsgestus werfen, wenn sie in tabubrecherischer Absicht ihre Gesprächspartner nach ihren Gefühlen fragen: in der gefühlsechten Antwort sind alle bestens geübt. Heute gelten umgekehrt Argument und Sachverhalt als das Obszöne: als Gefühlskälte, als vorgeschobenes Argument, als uneigentlich. Wer über Sachlage und Logik reden will, hat, so lautet die moderne Auffassung der Dinge, etwas zu verbergen. Die sogenannte Glaubwürdigkeit ist an die Stelle von weltanschaulicher Orientierung oder politischem Sachverhalt getreten, was ja, irgendwie!, ehrlich ist: Was gibt es denn schon noch zu entscheiden?

Das Wahlvolk trifft mit der Abgabe seiner Stimme schon lange keine wichtige ideologische oder sachliche Entscheidung mehr, sondern fällt lediglich ein Geschmacksurteil, nämlich ob dem Politiker und seiner Partei die Darstellung eigener Untadeligkeit so gut gelungen ist, daß man versucht ist, sie ihm auch zu glauben. Das entspricht in postmodernem Gewand lediglich jenen Kriterien, die dem Wahlverhalten von Frauen in den 50er und 60er Jahren zugrunde lagen, wie es nicht nur das böse Klischee behauptet, sondern auch die Wahlanalytiker herausgefunden haben: «Was immer er sagt – er sieht so nett und vertrauenswürdig aus dabei.»

Diese Sentimentalisierung der Politik, wie sie sich in der nichts als moralischen Kategorie der Glaubwürdigkeit ausdrückt, erreichte im Herbst 1987 mit der Barschel-Affäre ihren Höhepunkt, eine Affäre, die mit dem Engholm-Abtritt im Frühjahr 1993 ihren logischen Schlußpunkt erfahren hat. Seit

Uwe Barschels Ehrenwort ist es in diesem Land üblich geworden, von einem Politiker die völlig unpolitische Tugend der Ehrlichkeit zu erwarten oder auch ihm Glaubwürdigkeit abzuverlangen, eine ebensowenig politische Kategorie. Nun heißt Glaubwürdigkeit ja lediglich, daß ein Publikum aus der Selbstdarstellung einer Gestalt des öffentlichen Lebens die Schlußfolgerung zieht, es könne auch möglich sein, daß diese Person die Wahrheit spricht. Wer Glaubwürdigkeit glaubwürdig macht, also geschickt darstellt, ist damit ja keineswegs schon ehrlich. Glaubwürdigkeit drückt also durchaus nicht politische Verläßlichkeit aus – und gibt erst recht keinerlei Auskunft über klassische politische Tugenden wie Diplomatie und Verhandlungsgeschick. Vor allem aber fragt, wer Glaubwürdigkeit verlangt, keinerlei politische Gestaltung mehr nach – auf die kommt es ja auch nicht an, wenn es am wichtigsten geworden ist, sich als Gemeinschaft gutwilliger Menschen definieren zu können.

Das Ärgerliche an diesen Befindlichkeitsvokabeln, die sich mit dem veritablen Schock über das Ehrenwort des Uwe Barschel verfestigt und inflationiert haben – und diesen Schock, auch in der politischen Klasse selbst, darf man wahrscheinlich wirklich zu den ehrlichen Reaktionen zählen –, das Ärgerliche am neuen Gefühlssprech ist, daß diese Vokabeln nicht nur völlig ohne praktische Bedeutung sind – auf Zweifel an Glaubwürdigkeit kann überhaupt nur mit einer weiteren Beteuerung derselben reagiert werden –, sondern daß sie ausgerechnet das wirklich Humane des demokratischen Spiels hintertreiben. Das Menschenfreundliche der Demokratie, das, was sie von einer benevolenten Erziehungsdiktatur unterscheidet, ist ja gerade, daß sie von niemandem erwartet, daß er ein guter, ehrlicher, unfehlbarer Mensch ist. Demokratie hofft und setzt darauf, daß es vielmehr ihre Regelsysteme und Kontrollmechanismen sind, die Menschen weitgehend daran hindern, sich an den Übereinkünften der Gesellschaft zu vergehen, nicht die innere Ausrichtung und Reglementierung, wie sie insbesondere die deutsche Spielart des verinnerlichten protestantischen

Pfarrhauses vom Einzelnen fordert. Daß Uwe Barschel sich übelster Tricks bedienen wollte, um den Konkurrenten um das Ministerpräsidentenamt fernzuhalten, daß er log – das alles wiegt weniger schwer, als daß er es unkontrolliert und ungehemmt tun konnte.

Wer keinerlei Kriterien mehr für politisches Handeln entwikkelt und wer das Versagen von Kontrollmechanismen für das geringere Problem hält, sucht Orientierung ausgerechnet am unverläßlichsten politischen Faktor – und das ist der gute Charakter. Wie aber will man den bemessen? Durch noch bessere, also geschicktere, also womöglich noch verlogenere Ehrlichkeitsdarstellung? Da «Glaubwürdigkeit» eine besonders schlecht herstellbare Ware ist, weil sie immer aus der Reaktion des Publikums auf ihre Darstellung entsteht, lag der Barschel-Effekt lediglich darin, daß das Nichtnachweisbare um so hektischer postuliert wurde.

Björn Engholm, und das möchte mancher vielleicht Tragik nennen, wurde ein Opfer dieses Barschel-Effekts: Er sah sich gezwungen, das Spiel des bloß Symbolischen mitzuspielen und sich Unmögliches abzuverlangen, von dem er überdies wußte, daß er es nicht verkörperte.

Auch der Flurschaden, den Engholms Demission hinterläßt, dürfte sich als erheblich erweisen. Die SPD hat damit ihren Integritäts-Darsteller der Enkelgeneration verloren, den ihre Wahlstrategen im Blick auf die «hedonistische Mittelschicht» konzipiert hatten, eine Schicht, von der man voraussetzt, daß sie sich der «Neuen Nachdenklichkeit» befleißigt, sich von Ruhm & Macht, Schall & Rauch nicht «verbiegen» läßt und auch lieber zur Vernissage als zur Parteiversammlung geht. Der tiefe Fall der Lichtgestalt Engholm, die ihre Untadeligkeit nur simuliert hat, hat die Bahn freigeschossen für jene Machtpolitiker, die sich noch nicht einmal um stilvolle Simulation bemühen und auf Vernissagen nur des Champagners wegen gehen. Wir würden das als Zugewinn an Ehrlichkeit in der Politik schlankweg begrüßen, obwohl Ehrlichkeit ebensowenig wie

Entrüstung den Rang einer politischen Kategorie beanspruchen kann – wenn diese Neue Ehrlichkeit von der Andeutung eines politischen Einfalls begleitet wäre. Aber dazu später – denn der Ära der Neuen Sensibilität gebührt im Moment ihres Untergangs wenigstens noch der würdigende Nachruf.

Gefühlssprech

Ich habe die Masche der nachdenklichen Politiker mit den weichen Themen und dem Gefühlssprech, den sie auch noch Streitkultur nennen, einmal als «Feminisierung» der Politik bezeichnet.[7] Denn es hat doch, irgendwie!, etwas Urkomisches: Die persönliche Betroffenheit, früher gern Frauen zum Vorwurf gemacht, wenn sie die Sachlage einmal allzusehr aus ihrem ureigenen (und angeblich nicht verallgemeinerungsfähigen) Blickwinkel geschildert haben, solche Betroffenheit ist heute zum Markenzeichen just der Politiker geworden, die sich besonders gut auf den Erwerb jenes Kapitals verstehen, das da «Glaubwürdigkeit» heißt. Und die ist, das ist wahr, eine Frage der Darstellung und keine Angelegenheit des Sachverstandes.

Es fällt auf, daß sich viele Politiker heute von einem Sprechverhalten getrennt haben, das bislang als männlich galt und das sich durch die strenge Scheidung von privat und öffentlich, Gefühl und Sache, Besonderem und Allgemeinem auszeichnete. Heute reden Politiker und andere öffentlichkeitswirksame Meinungsträger in Talk-Shows und Nachrichtensendungen bevorzugt vom Allerintimsten: von ihren «Ängsten» und ihrer «Betroffenheit», von ihrem Lebensgefühl und ihren Männerfreundschaften. Wo ganz, ganz früher schmallippige Herren in dunklen Anzügen von Pflicht sprachen, Gott und dem Vaterland gegenüber, tun unsere menschelnden Hedonisten heute so, als ob sich die politischen Aufgaben der Zeit schon von selbst erledigten, solange just sie gute Gefühle dabei haben, den richtigen italienischen Wein trinken und von der Freundin gelobt werden.

Womöglich sogar dafür, daß ihr in den 80er Jahren neuerworbener Gefühlssprech so ziemlich dem entspricht, was amerikanischen Autorinnen wie Carol Gilligan oder Deborah Tannen zufolge weibliche Sprechhaltung ist: Frauen sprechen eine «Bindungs- und Intimitätssprache», zielen auf Symbiose, auf umstandsloses Verstehen, auf Gemeinschaft; auf Einverständnis also, auf Konsens. Der klassische Mann hingegen bediene sich einer «Status- und Unabhängigkeitssprache», handele Positionen aus und sei am Ergebnis orientiert, nicht an den Gefühlen dabei.[8] Er konkurriert, er setzt sich durch, er vertritt nicht den sanften Relativismus des «anything goes», sondern das, was er für die Wahrheit hält. Wenn das so ist, dann ist männliche Sprechweise von der Bühne öffentlichkeitswirksamer Selbstdarsteller verschwunden. Im Kampf um die Stimmen der Wählermehrheit, nämlich der Frauen, haben sich auch die männlichen Matadore dem angepaßt, was ihre klugen Berater dem ewig Weiblichen als angemessen empfinden. So kann man jedenfalls vermuten.

Sicher, es gibt unterschiedliches männliches und weibliches Sprechen, das man mit Deborah Tannen dem öffentlichen Bereich und dem privaten Bereich zuordnen könnte. Womöglich stimmt es auch immer noch, daß entsprechend unterschiedlich auch die Kompetenzen verteilt sind: Männer konkurrieren eher, wähnen sich also stets im öffentlichen Raum, und Frauen kooperieren zu sehr, glauben sich also stets in einer Situation der Intimität und Nähe. Nach ihrer unendlichen Abwertung, zusammen mit allen möglichen anderen angeblichen Charakterzumessungen des «Weiblichen», ist diese Differenz in der politischen Debatte der 80er Jahre im Gegenzug unendlich aufgewertet worden – auch das eine Parodie, ein Klischee des Weiblichen: nun ist es just das Beziehungsverhalten der Frauen, ihr kooperativer Stil, der nicht nur im privaten, sondern auch im öffentlichen Raum Geltung beanspruchen dürfe.

Die Welt – ein Wohnzimmer? Noch 1984 zog das «Feminat», der rein weibliche Fraktionsvorstand der Grünen in Bonn, aus, auch das Parlament wohnlicher zu gestalten. Frau merkte bald, daß es im Bundestag eher nicht aufs subjektive Wohlbefinden ankommt.[9]

Die aufgeschlossene Begründung für diese Präferenz des Weiblichen, die in den 80er Jahren Frauenzeitschriften und Managerschulungskurse beflügelte: das weiblich-kooperative Prinzip sei gut fürs Betriebsklima und vermeide vorzeitigen männlichen Herztod. Nun ja. Die Vorstellung, das Betriebsklima sei der entscheidende Produktionsfaktor – und nicht die materielle Produktion selbst –, entspricht just der Werteausrichtung jener neuen Mittelschicht, die in den 80er Jahren völlig zu Unrecht davon ausging, in einer Dienstleistungs- und nicht in einer Industriegesellschaft zu leben. Mit nachlassender Konjunktur zerrinnt diese Vorstellung, ist vom weiblichen Stil nicht mehr die Rede: Arbeitsmarktreserve hat Ruh.

Der politische Gefühlssprech überlebt, solange es nicht mehr um Dinge oder Sachen geht in der politischen Show, nicht um die Bestimmung von Positionen und Interessen und um das Aushandeln von Kompromissen, schon gar nicht mehr ums politische Argument, sondern höchstens noch um die Frage, ob die hinter einem Argument womöglich verborgene Motiv- und Gefühlsschicht dem moralischen Anspruch der Zuschauer genügt. Wo es sachlich nichts mehr zu entscheiden gibt, also auch kein «Sachzwang» mehr herrscht, bleibt dem politischen Meingungsbildungsprozeß nur noch der Rekurs auf die moralische Konkurrenz.

Diese Gesprächs- und Verhaltensmuster zielen auf Konsens und Übereinstimmung, nicht auf Auseinandersetzung, suggerieren Gemeinschaft und gemeinsames moralisches Empfinden. Gemeinschaft setzt indes auf Eingemeindung und Ausschluß, nicht auf – wenigstens punktuelle – Einigungen mit dem, was fremd ist und – vor allem! – auch fremd bleiben darf. Der amerikanische Soziologe Richard Sennett hat das vor vielen Jahren die «Tyrannei der Intimität» genannt, womit er jene inhaltlose Nähe beschrieb: *daß* man sich nah ist, wird wichtig – nicht, *warum*.[10]

Das intime Sprechen denunziert das Benennen von Sachverhalten als zynisch. Das öffentliche Sprechen über den Golfkrieg in den ersten Monaten des Jahres 1991 exemplifizierte diesen Sprachstil: Der Betroffenheitskultus verbot, über die «Logik» dieses Krieges, d. h. über mögliche interne wie externe Begründungen überhaupt auch nur zu sprechen, denn das hieße ja – natürlich! –, sich auf die Logik dieses Krieges einzulassen. Das aber hätte der ubiquitären weiblichen Friedfertigkeit auch und gerade auf seiten der Männer widersprochen.

Sind wir Frauen, ist unser «weiblicher Stil» besser fürs Betriebsklima? Also stets da, wo es nichts zu entscheiden gibt? Das ist wohl ein Gerücht. Insbesondere aber steht mittlerweile in Frage, ob wir uns in der etwas größeren Bundesrepublik Deutschland noch allein mit Fragen des Betriebsklimas aufhalten dürfen. Die Appelle an Moral, Gefühl und Wellenschlag entsprachen einem Land, in dem beständig die Verbesserung des Betriebsklimas vorangetrieben wurde, weil ansonsten nicht viel zur Entscheidung anstand. «Streitkultur» ersetzte klassische Konfliktbearbeitungsstrategien. Davon aber scheinen wir, spätestens seit der 1989 eingeläuteten Veränderung der politischen Großwetterlage, wieder die eine oder andere zu brauchen. Womöglich dringend.

Die Toskanafraktion

Was man der Regierung 1990 noch verzeihen mochte – wer hatte schon Übung in Sachen deutscher Vereinigung? –, das verübelte eine beträchtliche Anzahl bundesdeutscher Wählerinnen und Wähler der Opposition, den Grünen, die prompt aus dem Bundestag herausgestraft wurden, und der Sozialdemokratie. Zwar hatten die Bundesdeutschen längst, mit Oskar Lafontaine, die «Steuerlüge» der Regierung erkannt, die tat, als ob sich die «blühenden Landschaften» im Osten aus der Portokasse des Westens bezahlen ließen. Aber die SPD ließ, außer geschmäcklerischem Ressentiment, auch kein Konzept für die Ausgestaltung der deutschen Einheit erkennen. Dabei hatten sich sogar jene Teilhaber der hedonistischen Mittelschicht mit der Wiedervereinigung sehr rasch abgefunden, die anfangs noch gehofft hatten, die Bürger der DDR würden den für die Bundesbürger weit bequemeren «Dritten Weg» gehen, statt auf die Verwirklichung des Wiedervereinigungsgebots des Grundgesetzes zu pochen. Sie, die nationale Gefühle wahrlich nicht beflügelten, waren realistischer als die an Leipzig und Dresden desinteressierten und lieber den Insignien des frisch gelernten Lebensstils hinterherweinenden Genossen. Nach 1989 wirkte die SPD, als ob sie nur auf das nahe westeuropäische Urlaubsgebiet fixierte, baguette- und mozarellaverzehrende Seidenhemdträger und Pfeifenraucher aus der Weißwein- bzw. Toskanafraktion aufzubieten hätte. Denn der eben noch als «Enkelgeneration» gefeierte neue Politikertypus, der, mit allen Wassern symbolischer Politik gewaschen, im Dreivierteltakt Glaubwürdigkeit, Nachdenklichkeit, Neue Werte und «Streitkultur» absonderte, erwies sich erkennbar als den neuen größeren Problemen ebensowenig gewachsen wie die Regierung.

Dabei war er unter Schmerzen geboren worden: Jene hedonistische Wende, die Björn Engholm und Oskar Lafontaine nachgerade verkörperten, wurde erst seit der zweiten Hälfte der 80er Jahre von einer noch zehn Jahre zuvor an die proletarischen Stammwähler geketteten und damit von Marginalisierung bedrohten sozialdemokratischen Altpartei vollzogen. Was hatte die Sozialdemokratie mit ihrem Kalkül auf die hedonistische Schicht unter den Wählern übersehen?

Denn eigentlich schauen die Westdeutschen mittleren Alters im Schnitt doch immer noch so aus wie jene nachdenklichen

Pfeifenraucher und Weißweintrinker der «Toskanafraktion». Sie pflegen, an der Stelle von Pflicht, Leistung, Treue oder Heimatverbundenheit, die von Wahlforschern so genannten «fortschrittlich-gesellschaftskritischen Freiheits- und Entfaltungswerte wie Selbstverwirklichung und freie Meinungsäußerung».[11] Ihrer postmateriellen Ausrichtung tragen Enkel-Bemerkungen Rechnung, die «Pflicht» in das Reich von Sekundärtugend und KZ verweisen und «Muße» dem progressiven Habitus zuschlagen. Der neue Mittelstand fand und findet Selbstverwirklichung und gute Gefühle beim «Freizeit» genannten Privatleben wichtiger als Arbeit und Pflicht. In diese Welt passen beide prima: der so unorthodox wirkende Saarländer Lafontaine, der der Dürrenmatt-Witwe Charlotte Kerr munter von «Fressen, Saufen, Vö...» (wie die Bild-Zeitung schrieb) als von primärer Lebensbedeutung erzählte, wie auch der «nachdenkliche» Björn Engholm, der jederzeit glaubwürdig versicherte, wie es bis dato Spezialität von Rita Süssmuth war, daß er sich von der Politik nicht «verbiegen» lassen wolle und auch mal die Pflicht Pflicht sein lasse, des nachdenklichen Spaziergangs durch irgendeine schöne meerumschlungene Landschaft wegen.

Tatsächlich hatte die SPD eher spät den wichtigen Veränderungen Rechnung getragen, die sich seit dem Ende der 70er Jahre aus dem bundesrepublikanischen Wählerverhalten ablesen ließen. Wir kennen alle das Ergebnis: Das Segment der Nicht- und der Wechselwähler nimmt zu, die Bindung an Parteien und deren Verknüpfung mit konfessionellen oder sozialen Milieus nimmt ab. Die «postmateriellen» Werteorientierungen der größer gewordenen «neuen Mittelschicht» schienen nahezulegen, daß sie der direkten, unmittelbaren politischen Beteiligung einen besonders hohen Stellenwert zumaß und der repräsentativen Demokratie skeptisch gegenüberstand. Hier waren sicherlich jene zu finden, die Hans Magnus Enzensberger applaudierten, als er 1987 von einem «Zurückwachsen» der Politik in die Gesellschaft sprach.

Haben die Strategen der SPD mit ihren «weichen» Themen, mit Frauenfreundlichkeit und Pfeifengemütlichkeit, aufs falsche Roß gesetzt – in der ja verzeihlichen Annahme, es werde schon alles so weitergehen im Schneewittchensarg, im Wohlstandsland Bundesrepublik in seiner weltpolitischen Nische, bis 1989 wohl abgeschirmt vom Rest der Welt dank fehlender außenpolitischer Souveränität und vor allem dank dem Eisernen Vorhang, durch den es jetzt so kalt zu wehen beginnt? Das wäre sicher bitter. Für die SPD gestaltete sich nämlich die Zuwendung zu jenem in seiner wachsenden Bedeutung spät erkannten Wählersegment besonders schwierig: Sie mußte ihre proletarischen Stammwähler enttäuschen, jene knorrigen Eichen aus dem Holz der deutschen Arbeiterbewegung, die ihren Bebel noch präsent hatten und in Lebensstil und politischen Orientierungen konventionell bis konservativ waren und denen der ordnungsliebende Jochen Vogel weit näher stand als der undurchsichtige Genießer Oskar Lafontaine. Wie zum Hohn verkünden Wahlforscher heute die wiederum neue Erkenntnis, daß die neuen Mittelschichten mit ihren unzuverlässigen Neigungen denn doch keinen Ersatz für die «verprellten Kernwählersegmente»[12] böten und daß alte Milieuorientierungen durchaus weiterwirkten – auch, übrigens, die Einteilung der Welt der Politik und der Gesinnung nach links und rechts.

Pech für den alten Tanker SPD, daß er die erste Kurve zu spät gekriegt und die Gegenbewegung seit 1989 erst langsam in Angriff nimmt – das Schicksal teilt er mit der CDU. Denn die wachsende Politikverdrossenheit der Wähler hängt womöglich mit einer ganz realistischen Einsicht zusammen: Die neuen «Dienstleistungsparteien» mit ihren Politmanagern an der Spitze anstelle der Horte strenger Weltanschauungen unter beinharten Parteiführern sind Schönwetterkonstrukte und gut für Zeiten, in denen noch was zu verteilen ist. Für wachsenden Problemdruck sind sie nicht geschaffen. Dem aber ist die heute etwas größere Bundesrepublik, ist das neue Gesamtdeutschland zunehmend ausgesetzt. Auch ist die soziale Kohäsion aufgrund denn doch weitgehend ähnlicher Lebenslagen, die die alte Bundesrepublik so stabil machte, spürbar dahin. Das Land muß nicht nur mit dem keinesweg abnehmenden Ost-West-Gegensatz fertig werden, sondern den wachsenden Migrationsströmen ein Integrationskonzept entgegensetzen, worüber es noch nicht einmal in Andeutungen verfügt.[13]

Ein kollektives Selbstbewußtsein, eine aufgeklärte «nationale Identität» aber fehlt, die angesichts neuer Herausforderungen ein Minimum an Orientierung bieten könnte. Plötzlich erhoffen sich auch jene «politische Führung», die bis dato den Bedeutungsverlust klassischer politischer Bereiche und das Primat gesellschaftlicher Regelungsversuche eher begrüßt und auf den Appell an nationale Solidarität nichts gegeben haben.[14] Ist nach dem Softie gleich schon wieder der starke Mann gefragt? Oder handelt es sich lediglich um jene Konjunkturen des Politischen zwischen Engagement und Abwanderung, die Albert O. Hirschman so meisterlich beschrieben hat?[15]

Gefühl und Härte

Ist, was noch vor kurzem als Zugewinn an Zivilität erschien, heute also als Trugschluß bloßgestellt, als Illusion aus besseren Tagen; war die gelassene, ausgeruhte Demokratie, die wir in den 80er Jahren zu erblicken glaubten, eine Schönwetterangelegenheit? Und wenn ja – woran liegt das? Am Versagen der politischen Klasse? An postnationalen Illusionen einer prosperierenden Nischengesellschaft? Oder ist in einem fundamentalen Sinn etwas faul im Staat, nämlich die Gesellschaft selbst, ist gar etwas dran an der These von den deutschen Dämonen, die beim ersten Anzeichen der Krise wieder hervorbrächen – vom unentrinnbaren Nationalcharakter der Deutschen, der durch ihre jahrzehntelange friedliche Existenz als erfolgreiche Wirtschaftssubjekte nur überdeckt wurde?

Blicken wir also auf die Gesellschaft, die in wachsendem Maße unzufrieden ist mit ihrer Führungsschicht, die sie sich doch gleichwohl erzogen hat. Dieser Gesellschaft sagen ihre erfolgreichsten Mitglieder, die es ja wissen müssen, gern nach, sie sei eine gefühllose, eiskalte Ellenbogenaffäre, eine Ansammlung egoistischer Narzißten, ohne Bindungen, Verantwortungsgefühl und Blick fürs Gemeinwohl. Diese Anamnese stimmt in einer Hinsicht sicherlich nicht: An Gefühlen mangelt es auch der deutschen Gesellschaft just gar nicht – und auch nicht an der Selbstaufforderung zum moralischen Bekenntnis, zum «kollektiven Aufschrei» (Ulrich Beck).

Das, ein kollektiver Aufschrei, so glaubten die gutwilligen Deutschen in jenem schrecklichen Winter 1992, sei gefragt, als Woche um Woche Brandsätze auf die Unterkünfte von Asylbewerbern geflogen waren, als die Zahl von Gewalttaten rechtsradikaler Jugendlicher in die Höhe schnellte und als das sonst so nervöse und alarmbereite öffentliche Leben wie gelähmt wirkte. Manch kritischem Beobachter im Ausland, aber auch den braven Antinationalisten hierzulande lieferte die nahezu ungehinderte blutige rechtsradikale Eskalation den endgültigen Beweis für das immer schon Befürchtete: mit der deutschen Wiedervereinigung seien die alten Dämonen wieder aufmarschiert, mit der Liquidation der DDR und ihres antifaschistischen Mythos die Verbrechen des Nationalsozialismus relativiert, mit der wiedergewonnenen nationalen Souveränität der Bundesrepublik der alte Größenwahn neu erstanden – «Normalisierung» habe sich durchgesetzt, die wieder an die Oberfläche getrieben habe, was Tabuisierung jahrelang erfolgreich unter der Decke gehalten hatte.[16] Deutschland, ein keinesfalls post-, sondern immer wieder prä-, wenn nicht gleich protofaschistisches Land, dessen Zivilisierung in seinem westlichen Teil nur oberflächlich stattgefunden habe, während der deutsche Charakter unangetastet blieb: der deutsche Nationalcharakter, von gewalttätiger, xenophober, ja mörderischer Natur? Der Satz «Das wäre unter Honecker nicht passiert», den ein

Rabbi im November 1992 in eine erregte Diskussion über Deutschland und den marschierenden Rechtsradikalismus warf, illustriert ein unter kritischen Geistern offenbar weitverbreitetes Gefühl: man müsse Deutschland beständig unter der Quarantäne einer benevolenten Erziehungsdiktatur halten.

Daß, während das Nazitum marschiert, «der Bürger applaudiert», wie es ein progressives Lied aus jenen Tagen behauptet, aus den Ereignissen von Rostock-Lichtenhagen allgemeine Schlüsse ziehend, als die Zuschauer der Randale wirklich Beifall klatschten – diese Angst begann wieder plausibel zu werden. Eine Angst, die sich aus einer für die Nachgeborenen der Nazizeit traumatischen Vorstellung speist: man könne wieder den richtigen Zeitpunkt verpassen, man könne, wie die eigenen Eltern, bei der Behauptung ertappt werden, von alledem «nichts gewußt» zu haben, man könne wieder einmal als privatisierender Untertan erscheinen, der die Gewalttaten zwar nicht selbst begeht, aber ihnen auch nicht wehrt.

Diese Befürchtungen, geschürt von einem «linken Alarmismus» (Klaus Hartung) und einer aufs Moralisieren spezialisierten politischen Öffentlichkeit, erwiesen sich, so darf man wohl heute sagen, als unbegründet. In den Lichterketten und Sternfahrten um die Weihnachtszeit 1992/93 herum demonstrierten Hunderttausende in Westdeutschland, daß es den «Engagée» der 70er und 80er Jahre noch immer gab. Und auch die Ostdeutschen machten deutlich, daß sie des politischen Flankenschutzes nicht bedurften, der ihnen voll falschen Verständnisses unterstellte, ihre verzweifelte ökonomische Lage und ihr diktaturgewohnter politischer Habitus mache sie kollektiv anfällig für rechtsradikalen Extremismus.

Deutschland, nach Mölln, überschlug sich vielmehr im Nachweis des Gegenteils. Die Lichterketten, Schweigemärsche ohne politische Parole, ermöglichten auch denjenigen die Demonstration guten Willens, die sich bei politischen Manifestationen herkömmlichen Stils ungern eingereiht hätten. Anzeigenkampagnen gewichtiger Wirtschaftsunternehmen von lokaler, regionaler bis übernationaler Bedeutung verkündeten ein trutziges «Mit uns nicht!», und die Künstler, Rockmusiker und Sportler durften schon gar nicht fehlen, da es gegen das Böse ging. Selbst Taxifahrer mobilisierten zur Sternfahrt, Motto: «Mein Freund ist Ausländer». Im Fernsehen und im Hörfunk wurde die Botschaft stündlich verbreitet: Ausländerfeindlichkeit ist moralisch out.

Damit war keine Kleinigkeit gelungen: Die öffentliche Kontrolle hatte jeglichen (womöglich von einem gewissen Verständnis begleiteten) Zusammenhang zwischen rechtsradikaler Randale und einem «Asylproblem», den die Politiker der Regierungsparteien zugelassen hatten, getilgt und die Problematik unter dem Rubrum «Ausländerfeindlichkeit» tabuiert.

Mit Asylbewerbern haben viele Deutsche vielleicht, mit «Ausländern» aber haben insbesondere die tonangebenden westdeutschen Mittelschichten gar kein Problem. Der Haken dabei: Eine vernünftige Debatte über die Grenzen der Zuwanderung nach Deutschland wurde damit ebenso erfolg- wie folgenreich tabuiert, mitsamt jenem Teil der deutschen Bevölkerung, der sich nicht nur zu Unrecht von den neuen globalen Entwicklungen bedroht und überfordert fühlt. Dieser Teil scheint, zum Schaden der Demokratie, nur bei der extrem Rechten Anwaltschaft zu finden.

Daß Öffentlichkeit in Deutschland sich so massenhaft bewegen läßt, wenn die Politik versagt, ist unzweifelhaft zu begrüßen – auch wenn es nicht wenige Kritiker sind, die das Lichterkettenfieber, das damals in jeder mittleren Großstadt ausbrach, für die typisch deutsche apolitische Hysterie halten.[17] Der «kollektive Aufschrei» hatte etwas Unangemessenes. Zum einen waren die Kerzenumzüge prägendes Merkmal der Wendezeit der DDR gewesen, also ein Demonstrationsmittel unter den Bedingungen einer Diktatur. Demokratie, so möchte man doch annehmen, verfügt über andere Mittel, größere gesellschaftliche Konfliktlagen zu klären. War es denn wirklich «wieder so weit», daß man in Deutschland nun schon für das Selbstverständliche auf die Straße gehen mußte, für eine zivile Form des Zusammenlebens ohne Mord und Totschlag? Tatsächlich verlangt man im Normalfall von Bürgern einer Demokratie nicht, daß sie ein Bekenntnis zum Gewaltverzicht ablegen, man setzt voraus, daß sie in ihrer Mehrzahl weder Mörder noch Totschläger noch deren Anhänger sind. Gilt das für die Bundesrepublik Deutschland nicht?

Den massenhaften Lichterketten lagen nicht nur engagierte Journalisten und Werbemanager zugrunde, sondern auch Annahmen über den deutschen Nationalcharakter. Denn nur, wer in den rechtsradikalen Gewaltaktivitäten die reine Emanation des deutschen (faschistischen) Charakters erblicken will oder zumindestens die Spitze eines entsprechenden Eisbergs, erwartet das massenhafte Bekenntnis. Jedem anderen hätte ausgereicht, wenn die demokratischen Institutionen und das rechtsstaatliche Empfinden der politischen Klasse funktioniert hätten.

Just an diesen Ressourcen aber herrschte Mangel. Und insofern wäre es nicht verwunderlich, wenn in vielen Kerzenträgern bald der gerechte Zorn emporgestiegen wäre: Während Rundfunk und Fernsehen alltäglich das Böse in «uns», in «den» Deutschen schlechthin exorzierten und die sowieso schon Überzeugten mit Abmahnungen und herzzerreißenden Appellen Prominenter traktierten, während Bundespräsident Richard von Weizsäcker in der ihm eigenen vereinnahmenden Art nach Mölln von Mexiko aus die verwirrten Bürger beschied: «Ich glaube, es ist eine Sache der Gesellschaft im Ganzen. Wir dürfen nicht als Bürger auf die Politik allein verweisen» – während also der obsolet geglaubte häßliche Deutsche unser treuer Wegbegleiter wurde, war längst deutlich geworden, daß, umgekehrt, Politik und staatliche Institutionen eklatant versagt hatten – eine Tatsache, nebenbei bemerkt, die für das zarte Pflänzchen deutsche Demokratie entschieden gefährlicher ist, als es fundamentalistische Inhaftnahme des deutschen Charakters erahnen läßt.

Während der Bürger Gefühl demonstrierte und glaubte, zur Liebe auch zu wildfremden Menschen aufgerufen zu sein, wo es doch vor allem darum ging, einen zwar nicht konflikt-, aber doch gewaltfreien Umgang miteinander zu installieren, entzog sich der Rechtsstaat seiner vornehmsten Aufgabe: das Monopol auf Gewalt an sich zu ziehen und durchzusetzen.

Widerstand und Gewaltmonopol

Seltsame Vorstellungen von bürgerlicher Selbsthilfe geisterten damals durch ein zunehmend verwirrtes Land und gemahnten auch nüchterne Köpfe an Weimar: Der rechtsradikalen Selbsthilfe gesellte sich ein Widerstandswahn der anderen Seite hinzu – mehr oder weniger unwidersprochen, weil durch Opferstatus geadelt. Nicht nur ein vierzehnjähriger junger türkischer Möllner durfte auf allen Kanälen von der Bildung bewaffneter Banden schwadronieren, ohne daß ihm widersprochen wurde – nur die türkische Community selbst wehrte erschrocken die Vereinnahmung des Kindes durch Journalisten, die mit dem Gestus: «Seht, so weit ist es schon gekommen! Unsere Ausländer müssen sich bewaffnen!» ihr Deutschlandbild pflegten. Auch der Schriftsteller Ralph Giordano nutzte sein nicht unbeträchtliches Renommee, um Deutschland zu einem Land zu erklaren, in dem Ausländer und Juden zum bewaffneten Widerstand bereit sein müßten.

Bei allem, wirklich großen, Verständnis für den Wunsch, sich zu schützen: Eine Werbung für das staatliche Gewaltmonopol war das nicht, vor allem nicht bei denen, die soeben versäumt hatten, es auch auszuüben. Dabei hatte selbst die Partei der Grünen ihren Jahre währenden Prozeß der Selbstbelehrung über dieses «Gewaltmonopol» just abgeschlossen gehabt: Daß das Monopol für die Ausübung von Gewalt beim Staate liege, ist die Formel nicht nur für staatliche Anmaßung, sondern gegen Bürgerkrieg und Lynchjustiz. Die Bürger, heißt das, haben sich darüber verständigt, ihre Waffen abzugeben und die Schlichtung von Streitereien den demokratisch kontrollierten staatlichen Institutionen zu überlassen, die ihnen im Gegenzug Schutz von Leib, Leben und Vermögen garantieren sollen. «Die Straße», die pure Gewaltanwendung oder die ungehemmte Machtausübung sollten nicht diktieren dürfen, nach welchem Gesetz im Lande gelebt wird.

Dieses Prinzip ist für deutsche Verhältnisse keine kleine Errungenschaft und erst seit 1945 relativ ungeschmälert gediehen. Die besseren Kreise des Kaiserreichs z. B. hatten sich, in parvenühafter Adaption adliger und militärischer Autonomiebezeugungen, immer das Duell als Privileg angemaßt, das sie der Jurisdiktion des Reiches entzogen sehen wollten, der ja nur «die anderen», «der Plebs» unterworfen war. Die Weimarer Republik war geprägt von Eigenmacht und Gewalttätigkeit extremer Gruppen, nicht nur der niedrigeren Hemmschwelle wegen, die der traumatische Erste Weltkrieg hinterlassen hatte, sondern auch aufgrund der ungeschickten und unsicheren Politik der Erben der Novemberrevolution. Das Gewaltmonopol des nichtdiktatorischen, des demokratischen Staates war ein zivilisatorischer Fortschritt.

Weshalb die Anmahnung gesellschaftlichen Engagiertseins das Problem verfehlte: Ganz offenkundig hatte in Rostock nicht «die Gesellschaft», sondern die Polizei versagt, und einige ihrer Führungskräfte hatten es darauf wohl auch ankommen lassen. Wegen Sympathien in der Sache? Weil man auf die Brisanz der Lage aufmerksam machen wollte? Wahrscheinlich nur aus Hilflosigkeit und Unfähigkeit. Doch schlimm genug – die gespenstische Asyldebatte der Parteien hatte längst jedwede Mißinterpretation bürgerlicher Selbsttätigkeit zugelassen: Man hatte es «da oben» keineswegs eilig mit der Bekräftigung des Gewaltmonopols des Staates gehabt, sondern mit sozialarbeiterischem Gestus von den schweren Nöten der Ostdeutschen geredet. Die Straftatbestände Körperverletzung, Nötigung, Bedrohung, Mord und Totschlag dulden indes keinerlei Relativierung, als die der beflissene Verweis auf die Problemlage oder auf die Täterpsychologie erscheinen konnte.

Wie ein Echo aus fernen Zeiten vernahm man nun aus Politikermund, daß Polizeieinsätze, das Geltendmachen des staatlichen Gewaltmonopols, nicht an die Wurzeln des Problems gingen. Wenn es auch noch geheißen hätte, man dürfe die rechtsradikalen Jugendlichen nicht «kriminalisieren», wäre man glatt wieder bei den 70er Jahren seligen Angedenkens angelangt, als dieses Argument viel zu viele politisch motivierte Gewalttaten bemänteln half – damals allerdings nicht ausgerechnet aus Politikermund. 1992 waren viele, auch auf der Linken, der Meinung, daß der Schutz von Leib und Leben ausgerechnet der Wehrlosesten der Wehrlosen nicht warten könne, bis die ostdeutschen Landschaften blühen, genügend Sozialarbeiter installiert sind oder das protestantische Modell von der nötigen Einkehr jedes Einzelnen gegriffen hat. 1992 haben viele nach der Polizei gerufen, die früher lieber auf die selbstregulierenden Qualitäten der Gesellschaft gesetzt hatten.[18] Weil es gegen rechts ging? Oder weil man spürte, daß demokratische Grundbestände angetastet waren?

Im Winter 1992 gab es, behaupte ich, weniger Ansprüche an «die Gesellschaft» denn Fragen an den Rechtsstaat. Aber Fragen auch an besonders in diesem Land grassierende Vorstellungen einer Art sozialen Fundamentalismus: Die Menschen müßten einander nur lieben, nur ehrlichen Herzens sein, schon gestalte sich das Zusammenleben unproblematisch, gehe die multikulturelle Sonne auf.

Im deutschen Winter 1992 haben wir auf traurige Weise Abschied von einer angenehmen Illusion der Jahre der Prosperität und des politischen Stillstands nehmen müssen: von der Illusion, die Politisierung aller Lebensbereiche und Entscheidungen, das «Zurückwachsen der Politik in die Gesellschaft», der Abschied vom Staat und der möglichst weitgehende Verzicht auf Regeln, Strukturen und Bindungen seien progressive und positive Prozesse urdemokratischer Natur, die den gesellschaftlichen Zusammenhalt erhöhen und das demokratische Fundament jedes Einzelnen stärken könnten.

Demokratie und Förmlichkeit

Es scheint manchmal, als sei in diesem Land der Zugang zum Selbstverständlichen abhanden gekommen: zu den Regeln menschlichen Zusammenlebens. Zu den Regeln, nicht zu den Gefühlen – zum Gespür dafür, wann die Ehrlichkeit der Herzen nicht weiterführt, sondern nur noch die durchaus sekundäre, aber um so wichtigere Tugend des gesellschaftlichen Umgangs.

Die Intimisierung der Politik, hervorgebracht von einer brisanten Mischung aus Pfarrhaus und Toskanafraktion, hat alte Trennungen zwischen Privatheit und Öffentlichkeit weitgehend aufgehoben. Während der ständig engagierte Bürger nicht mehr «privatisieren» darf, verfügt die Öffentlichkeit nicht mehr über Regeln der Distanz.[19] Während die moralischen Instanzen der Gesellschaft einem jeden Menschenliebe rund um die Uhr abverlangen, sind wir, kommt es praktisch darauf an, im internationalen Vergleich wohl das flegelhafteste Land weit und breit. Wir haben Gefühle, aber keine Manieren. Und sind ehrlich – selbst wenn es nur taktlos ist. Das große Mißverständnis der späten 60er Jahre bestand darin, daß man mit der Entlarvung der verdächtigen bürgerlichen Gesellschaft auch alle anderen filigranen Regeln und Riten für verzichtbar erklärte, die das Zusammenleben von Menschen, die einander, wie die große Mehrheit, weder verwandt noch befreundet, noch auch nur bekannt sind, zuträglich machen könnten.

Mag sein, daß heute im mittelständischen Haushalt auch das weiße Tischtuch wieder aufliegen darf und auf Parties die Gäste einander wieder vorgestellt werden. Die «neue Förmlichkeit» bei der Jugend, die von den älteren Semestern als böser

Rückschlag des Konservativismus so jämmerlich beklagt wird, dürfte leider ein Gerücht sein – anderenfalls gäbe es endlich wieder Grund zu frohlocken. Nein, bei vielen Zeitgenossen scheint nach Menschenliebe und tiefer Freundschaft lange gar nichts und dann die weite Wüste zu kommen. Die Formeln für den alltäglichen Verkehr gelten als unwesentlich, «bloß formal», lästig. Ehrlicherweise treten wir einander gegenüber, wie wir sind: viel Gefühl, kein Benehmen.

Dabei waren sie einmal so wichtig und hilfreich zur Zügelung der Gemüter, zum Abtasten und Einschätzen des Gegenüber, zur Verständigung über das Nötige – die läppischen Formen des Alltags. Das Grüßen erfüllt die Funktion, dem anderen Aufmerksamkeit und Wahrnehmung abzuzwingen: Während dieser zwei Worte findet Blickkontakt statt, der Einschätzung ermöglicht. Die allerbanalsten Höflichkeitsformeln sollen nichts anderes leisten, als zur Entspannung beitragen im aufgeladenen öffentlichen Raum, den man gemeinhin mit mehr Menschen teilen muß, als selbst Herdentieren lieb ist. Und die laufen auch noch beim Einkaufen in grellbunter Freizeitkleidung herum, kauen auf offener Straße mit offenem Mund, tragen ihre Beziehungsprobleme im Restaurant lautstark aus und bevölkern, so sie in Gruppen auftauchen, die Bürgersteige gern flächendeckend bzw. in Rechen- oder Harke-Formation: in die Gosse mit dem einsamen Gegenspieler.

Die Reihe der Kränkungen, die wir uns alltäglich zufügen, ist kaum noch zu überschauen. Grüßen, ob beim Betreten der Arztpraxis oder des Ladens, findet hierzulande gleich gar nicht mehr statt, «bitte» und «danke» sind schon lange Fremdwörter im ganz gewöhnlichen kleinen Grenzverkehr. Überhaupt kommt es zu Blickkontakt bei alltäglichen Begegnungen nur im äußersten Notfall – schade also, daß nicht alle Transaktionen, die Menschen miteinander tätigen müssen, mittlerweile vollautomatisch ablaufen. Der Wunsch danach wird der Grund dafür sein, daß das Telefon absolute Priorität genießt, egal, ob es mitten ins Gespräch mit einem leibhaftig anwesenden Kunden hineinklingelt oder der Hinzutretende erst mal belämmert im Raum stehenbleiben darf, während in die Muschel gesäuselt wird – ach, man könnte stundenlang erzählen.

Szenen, die sich auf unseren Straßen abspielen, hätten noch zu Beginn dieses Jahrhunderts zu Massenduellen oder Straßenkämpfen geführt, gelten bei den Eingeborenen aber als ganz normale Härte. Weder die geschickten Ausweichmanöver, die man in Manhattan beobachten kann, noch das freundliche Lächeln, das in den USA üblich ist, sofern sich die Blicke kreuzen (und das keine «authentische» Herzlichkeit ausdrückt, sondern höchstens «Ich tu dir nichts, tu mir also auch nichts» besagt, aber die Stimmung ungemein hebt) noch andere kleine Gesten der Zuvorkommenheit stehen uns zur Verfügung, wenn wir uns als das erweisen, was wir als Mitglieder der menschlichen Rasse sind: nämlich im Wege. Wir produzieren vielmehr zusätzlichen Stress.

Lichterketten und viel Gefühl, Authentizität und Identität, Engagement und Humanität – all diese schönen Universalien zählen Deutsche offenbar zu ihren inneren Werten, von denen man möglichst wenig Aufhebens machen sollte, weshalb man ihnen diese Tugenden im alltäglichen Umgang auch nicht anmerkt.

Woher nur kommt die Vorstellung, Formen seien verzichtbare Äußerlichkeiten und vor allem kritikwürdige Insignien sozialer Distanz? Noch in den 60er Jahren war Höflichkeit eine Klassen- und Schichtenfrage, erwies sich an den Umgangsformen die «gute Kinderstube», also die soziale Herkunft. Daß man der Tante das «gute Händchen» zu geben hatte, wurde auch Linkshändern eingetrichtert, und der «Diener» eines ordentlichen jungen Mannes durfte gern von der Andeutung eines Hackenschlagens begleitet sein. Wir Mädchen waren unweigerlich sauber, trugen niemals lange Hosen und küßten nicht auf der Straße. Regelverstöße zogen unnachsichtige Sanktionen nach sich, die Gratwanderung des guten Benimms erzeugte bei den Heranwachsenden sprichwörtlich gewordenen Angstschweiß. Diese «guten Manieren» muteten ebenso an wie die Gesellschaft, in die sie einführen sollten: angestrengt, eng, kleinkariert und verlogen. Deutsche Fernsehkrimis aus den frühen 60er Jahren vermitteln ein so authentisches wie beklemmendes Bild deutscher Provinzialität, der man die kaum unterdrückte Aggressivität noch immer anmerkt.

Aus diesen engen Bahnen ausgebrochen zu sein, als auch das blutige Mensurenschlagen noch zum studentischen Komment gehörte, kann von meiner Generation gewißlich als befreiender Akt verzeichnet werden. Heute aber ist Unmanierlichkeit längst klassenübergreifend geworden, wie jeder Flugreisende bestätigen kann, weshalb alte Schlachten nicht noch einmal geschlagen werden müßten. Doch sogar Sybil Gräfin Schönfeldt, die Autorin *des* Benimmbuchs unserer Zeit, des «1 x 1 des guten Tons», wird nicht müde, den heranwachsenden Lesern zu versichern, daß es ihr selbstredend nicht um die bloße Einhaltung kalter, herzloser Formalien gehe, und stellt sogar die gar nicht rhetorisch dahergesagte Frage: «Ist Demokratie mit guten Manieren vereinbar?» [20] Daß gutes Benehmen irgendwie reaktionär bis faschistisch, freiheitseinengend, verklemmt, frauen- oder gar ausländerfeindlich oder sonst was ganz Schlimmes sei, scheint tatsächlich noch immer zum Quellekatalog progressiver Grundüberzeugungen zu gehören. Weshalb es die Fremden in diesem Land uns zurückspiegeln: Das Angebot kommunikativer Gesten und Riten, das jede Kultur kennt, die unterschiedlichste Menschen mit unterschiedlichstem Herkommen integrieren muß, fehlt hier völlig.

Ja, dies Land der Lichterketten und Menschenfreunde beweist im tätigen Umgang einen Abgrund an Rüpelhaftigkeit. Das Pfarrhaus, das noch heute in weiten Landstrichen der Republik unser Innerstes beherrscht, hält uns mit dem Imperativ der Gefühlsproduktion auf Trab. Protestantische Innerlichkeit fordert dem Bürger gleich positive Gefühle anderen Menschen gegenüber ab, wo es doch vollauf genügte, er zeigte gutes Benehmen. Denn bekanntlich besteht zu Menschenliebe nicht der geringste Anlaß, führt man sich einmal den Zustand des Planeten vor Augen. Menschenliebe hilft im übrigen auch wenig gegen ihren Antipoden, jenen ungezügelten Fremdenhaß des Herbstes 1992. Im Gegenteil. Die dringlichen Fragen in diesem Land lauten ganz pragmatisch und gefühlsfern: Wie ertragen Menschen einander und wie vermeiden sie es, sich im Zuge der gerade noch nötigen Kontaktaufnahme gegenseitig zu erschlagen? Wie leben wir, Grundstimmung misanthrop, kommod nebeneinanderher, ohne uns mit Gefühlen zu behelligen, seien sie positiv, seien sie negativ?

Denn darin lag ja einmal der Sinn gewisser ritualisierter Verkehrsformen: Sie sollten den einzelnen in die Lage versetzen, Umgang auch mit Menschen haben zu können, die ihm nicht bekannt waren und mit denen ihn kein Gefühl verband. «Öffentlichkeit», definiert Helmuth Plessner, ist «das offene System des Verkehrs zwischen unverbundenen Menschen».[21] Umgangsformen waren die Lingua franca zwischen einander Fremden, sie waren ein Angebot, daß diese einander machten – ein Angebot nicht zuletzt, das Aggressionsverzicht signalisierte. Es fällt auf, daß gerade eine Einwanderungsgesellschaft wie die USA sich des Wertes der bei uns als so verstaubt geltenden Förmlichkeit sehr bewußt ist. Gerade am vorgeblich so menschenfreundlichen Verzicht auf Riten, Regeln und Rituale hierzulande erweist sich, wie unterentwickelt auch diesbezüglich die Voraussetzungen für die Integration von Fremden sind.

Manieren sind Angebote auf Integration; Regeln sollen verhindern, daß sich die Wucht des Aufeinanderpralls unterschiedlicher Sprachen und Kulturen ins Unermeßliche steigert. Formen, Sitten, Manieren, die kleinen Rituale der Annäherung bei Distanzwahrung, sind eben keine Fossilien aus längst untergegangenen bürgerlichen Welten, bloße Überbauphänomene des viel wichtigeren «Wesens» der Dinge und der Menschen, und daher zu Recht mit Hilfe der Studentenbewegung und der Gewerkschaft Erziehung und Wissenschaft abgeschafft worden. Nein, Manieren und andere Umgangsformen wären in einer unübersichtlicher werdenden Welt Rettungsanker der Zivilität, wie sie uns derzeit schmerzlich fehlen. Der Verdacht liegt nahe, daß auch in dieser Hinsicht Formen keine Äußerlichkeit sind: Denn man muß vom Wert der eigenen Kultur, der eigenen Maßstäbe hinreichend überzeugt sein, um sie anderen anbieten zu können.

Womit wir bei den tieferen Wurzeln für den Verlust regulierender Sitten und Gebräuche im modernen Deutschland wären. Die deutsche Gemütskultur, wie insbesondere Norbert Elias sie analysiert[22], ist noch heute geprägt vom abstrakten Humanismus des zu politischer Tatenlosigkeit verdammten Bürgertums, demzufolge innere Werte weit wichtiger waren als die Welt der Politik, der Äußerlichkeit, des Scheins der «Zivilität». Dem deutschen Biedersinn, dem in England der «Krämergeist» herrschte, während es in Frankreich «verlogen» zugehe, galt «Ehrlichkeit» mehr als Takt und der Kompromiß als nicht prinzipienfest. Friedrich Nietzsche: «Der Deutsche liebt die ‹Offenheit› und ‹Biederkeit›. Wie bequem ist es offen und bieder zu sein. Es ist heute vielleicht die gefährlichste und glücklichste Verkleidung, auf die sich der Deutsche versteht, dies Zutrauliche, Entgegenkommende, dieses Karten-Aufdeckende der deutschen Redlichkeit.»[23]

Die Adaption soldatischer Tugenden nach 1871, nach dem Sieg über das Heimatland der «Zivilisation», über Frankreich, verstärkte ein Muster von Gebot und Verbot, das die Notwendigkeit minimierte, selbst nach Maßgabe von Regeln und Takt Verantwortung übernehmen zu müssen. Verhandeln und Kompromißbildung, prinzipienstarken Gemütern sowieso fremd, wurde jetzt vollständig erstickt vom militärischen Modus bzw. von dem, was der Bürger darunter verstand, der, wie jeder echte Parvenü, zum Maßlosen tendierte.[24]

Die Abgrenzung vom militaristischen Habitus der Deutschen nach 1945 knüpfte, ohne den Umweg über die «Zivilisation» etwa der Engländer und Franzosen zu nehmen, wieder am Kulturbegriff des deutschen Bürgertums des 18. Jahrhunderts an, das eine «generalisierte Moral» (Elias) pflegte. Die Abwehr eines sinnentleerten, militärisch angereicherten bürgerlichen Umgangstons fegte Ende der 60er Jahre nicht nur den hackenschlagenden «Diener» und den höfisch angehauchten Knicks von der Strecke, sondern auch die lebenspraktischeren Formen bürgerlicher, nicht spießbürgerlicher Etikette. Ritualisierte Umgangsformen als solche verfielen der Kritik – und damit auch jene, die der Distanz zu und Begegnung mit Fremden (aller Arten) dienlich sind, weil sie nicht Abgrenzung signalisieren, sondern das Akzeptieren von Differenz.

«Förmlichkeit» entlastet uns vom Unmöglichen – wir können nicht jeden Menschen lieben, mit dem wir gleichwohl gewaltfreien Umgang pflegen wollen und müssen. Und sie ist ein Integrationsangebot für Fremde, die sich den hier bereits Lebenden hinzugesellen wollen oder müssen. Manieren geben darüber hinaus Auskunft über die Maßstäbe, die in einem Land gelten. Die Kultur der Unmittelbarkeit, der Authentizität, der Identität und wie die Vokabeln der 70er Jahre heißen, kennt indes keinerlei Maßstäbe außer denen, die sich aus Situation und Gefühlslage ergeben, was bekanntlich Unzuverlässigkeit garantiert. Insonderheit lassen Formen und Trennungen die Gefühle frei, nämlich dort, wo sie hingehören: als Privatangelegenheit beim Einzelnen selbst. Wer sich auf Regeln verlassen kann, muß nicht schon bei sich selbst mit der Reglementierung anfangen.

Das ist das Freiheitsversprechen der guten Manieren. Protestantische Innerlichkeit aber kennt keine Gewaltenteilung und zwingt die Menschen, sich vom Unsichersten überhaupt abhängig zu machen: von ihrem guten Charakter. Und übrigens, den Anhängern des Authentischen ins Stammbuch geschrieben: «Der Schrei nach korsettloser Tracht verdient nur bei sehr guten Figuren ein Echo zu finden» (Helmuth Plessner).[25]

Der Verweis auf die Regeln und Umgangsformen ist, ich weiß, hierzulande derzeit alles andere als populär. Vom Bundespräsidenten bis zum linksliberalen Meinungs-Mainstream klagen vielmehr alle etwas ein, das sie für «mehr» halten: mehr Solidarität durch mehr Betroffenheit. «Das geht alle an» ist der Schlüsselsatz des Betroffenheitskults, wenn es um die großen Fragen der Zeit geht – von der Mülltrennung bis zu Aids. Die unmittelbare Identifikation auch noch mit dem zunächst Fernsten – das im katastrophischen Denken indes das allernächste geworden ist, weil ja alles mit allem zusammenhängt – schiebt sich über jene Solidarbindungen, die früher das Prius beanspruchen durften: Familie, Verwandtschaft, Nachbarschaft, Gemeinde.

Daß uns hier Bindungen und Verpflichtungen kleiner Solidargemeinschaften verlorenzugehen drohen, scheinen die Zahlen über die Zunahme von Einpersonenhaushalten zu belegen, die in großen westdeutschen Städten bereits die Hälfte aller Haushalte ausmachen. Vor dieser Evidenz des Single-Phänomens verstummt das Argument, daß die Familie erst seit dem Ende des 19. Jahrhunderts die hauptsächliche soziale Organisationsform in Deutschland ist und daß die paternalistischen Modelle früherer Jahrhunderte zeigen, daß Solidarität auch unter Abhängigkeitsbedingungen existieren kann.

Denn richtig bleibt, daß der Individualisierungsschub der letzten Jahrzehnte Solidarität hat zufällig werden lassen. Daß uns darüber hinaus etwas Verbindendes fehlt in diesem derzeit sehr verwirrten Land, spüren alle. Der Streit geht darum, was es ist, das uns so schmerzlich abgeht. Klassische politische Definitionen – wie etwa jener «Nationalstolz», dessen Fehlen in Deutschland Norbert Elias moniert, oder die «Staatsidee», die Helmuth Plessner einklagt – stehen nicht zur Verfügung, da sie ausschließlich negativ konnotiert sind. Das ist zwar noch nicht einmal historisch korrekt, gehört aber zum kulturell-politischen Besitzstand insbesondere in Westdeutschland hinzu, weshalb man mit ihm rechnen muß. Bleibt jener «Bürgersinn», den nicht nur Politiker einklagen. Er soll das Problem lösen, wie sich «das Allgemeine» herstellt, das einer Gesellschaft Kontur und Zusammenhalt in womöglich schwierigen Zeiten gibt und das mehr ist als die Summe der Einzelwillen. Es gehört indes nicht zu den besten deutschen Tugenden, dieses Allgemeine nicht politisch, sondern substantiell zu definieren und bevorzugt an der «Basis» zu suchen: beim Einzelnen. Auch im Rekurs auf den «Bürgersinn» läßt die bundesrepublikanische Gemeinwohldebatte eine starke Schlagseite hin zu Gemeinschaft statt Gesellschaft erkennen. Gemeinschaftsdenken aber kommt ohne politische Vermittlungsinstanzen aus und erzielt Konsens durch die unmittelbare Formierung und Einbindung des Einzelnen ins große Ganze. Das hat, wir wissen es, stets einen Zug ins Totalitäre.

Der amerikanische Philosoph Michael Walzer, der heute in den Debatten um eine neuerliche Verankerung von Solidarität oder «Gemeinwohl» in der scheinbar in Einzelegoismen zerstobenen Gesellschaft gern als Vertreter des amerikanischen «Kommunitarismus» zitiert wird, weist selbst jegliche gemeinschaftsorientierte Variante zurück. Er erinnert an die befreiende Revolution der Trennung von Kirche und Staat, an die emanzipierende Wirkung der Entstehung eines geschützten privaten Raumes gegen die Anmaßungen von Obrigkeit und Öffentlichkeit. Walzer optiert für eine Kunst der Trennungen, die insbesondere auf die Differenz zwischen bürgerlicher Gesellschaft und politischem Gemeinwesen beharrt. Die von Rousseau abgeleitete Vorstellung «partizipatorischer Demokratie» weist Walzer mit dem Verweis auf die elegante Arroganz Oscar Wildes zurück – denn in der Tat: Der Bürger hat neben der Politik noch genügend anderes zu tun. Walzers Formel ist leidenschaftslos und deshalb nicht weniger anspruchsvoll: «Die zivile Gesellschaft wird daran gemessen, ob sie fähig ist, Bürger hervorzubringen, die *wenigstens manchmal*

(Hervorh. C. St.) Interessen verfolgen, die über ihre eigenen und diejenigen ihrer Genossen hinausgehen, und die über das politische Gemeinwesen wachen, das die Netzwerke der Vereinigungen fördert und schützt.»[26]

In Deutschland war die Verwechslung von Politik und Gesellschaft, war ein emphatischer Gemeinschaftsbegriff stets typisch für eine politische Kultur der protestantischen Innerlichkeit. Der «Formenhaß» (Plessner) des Gemeinschaftsdenkens hat die Menschen selten verbessert, die Institutionen und ihre Legitimation indes geschwächt. Insofern beruht der derzeit allerorten so beliebte Ruf nach einer Ausweitung plebiszitärer Elemente auf einem fundamentalen Irrtum: Des Bürgers Engagement wird mißbraucht, wenn es politische Entscheidungen ersetzen soll. Seine Freiheit muß auch darin bestehen, engagiert einfach nicht sein zu wollen. Ein seltsames Land, in dem Politiker ernsthaft darüber diskutieren, ob man nicht *den* Freiheitsakt des Souveräns reglementieren soll: das Wählen.

Daß in Zeiten der politischen Krise Politiker nach dem Volk rufen, ist verständlich, offenbart jedoch nur geringes Vertrauen in den repräsentativen Charakter der deutschen Demokratie – und läßt auf die altbekannte Neigung schließen, das «Volk» zu funktionalisieren, solange seine Gefühls- und Meinungsäußerungen in den eigenen politischen Kram zu passen scheinen. Zum verqueren deutschen Selbstbild indes addiert sich die öffentliche Neigung, nicht über den Mangel an materieller Substanz der Politik zu reden, sondern den präsumtiven Mangel an moralischen Einstellungen bei den Bürgern zu beklagen, die sich indes längst gattungsmoralisch für alles und jedes in die Pflicht genommen fühlen – jene «Fernmoral», von der Ulrich Beck redet und die dem Bürger eine «Dauerstellungnahme» abverlangt.[27]

Der Appell an eine angeblich partizipationsbegierige neue Mittelschicht scheint derzeit deplaziert: Der Wunsch nach größerer Beteiligung nimmt, Umfragen zufolge, ab. Der Vertrauensverlust in die Regierung kommt weder der Opposition zugute noch der «Straße», also außerparlamentarischen Politikformen.[28] Dem Engagement der 80er folgt, wenn's schlimm kommt, die «Enttäuschung» der 90er auf dem Fuße. Wen wundert das? Beteiligungsformen haben ja auf allen politischen Ebenen längst mächtig zugenommen, der Informalisierungs-, ja Intimisierungsprozeß der politischen Kultur in der Bundesrepublik ist auch bei seinen Abnehmern, den Wahlbürgern, an seine Grenzen gekommen. Längst überwiegt der Überdruß an den «Kommunikationsstrategien» der «Volksparteien», die mit allen elektronischen und medialen Finessen «in jede Sphäre des politischen, gesellschaftlichen und privaten Lebens der Bürger eindringen, um sich ihrer Aufmerksamkeit, Wahrnehmung, Einstellung, Hoffnungen und Gefühle zu bemächtigen».[29]

Den Deutschen ist das ihnen manchmal noch unterstellte «obrigkeitsstaatliche Denken» völlig abhanden gekommen. Jegliche politische Entscheidung steht heute vielmehr unter einem immensen Legitimationsdruck, zumal ihr mit abnehmender Bereitwilligkeit auch Folge geleistet wird. Die Frage dürfte also nicht lauten: Wollen wir die Bürger stärker einbeziehen? Fraglich ist vielmehr, mit Hubert Kleinert, «ob unter den schwierigen Bedingungen der neunziger Jahre das Demokratisierungsniveau der achtziger gehalten werden kann».[30] Wir sind, vielleicht, an die Grenzen des Engagements gekommen – just in jenem Moment, in dem postmodern-aufgeklärte Politiker gelernt haben, die Kultur des Bürgerengagements für sich zu nutzen, indem sie ihrer Klientel Dauerbetroffenheit einreden und abverlangen.

Sind aber nicht alle von allem betroffen und verkennt ein neuerlicher Ruf nach Politik *sui generis* nicht vor allem, daß sich die Politik durch Selbstreduktion aufs bloß Symbolische letztlich nur der Einsicht gewachsen gezeigt hat, daß sie über nicht mehr sehr viel zu bestimmen hat? Entsprechen nicht dem «Informalisierungsschub» (Norbert Elias), der die Bundesrepublik in all ihren Bereichen seit sicherlich zwei Jahrzehnten erfaßt hat, mächtige gesellschaftliche Unterströme, angesichts derer sich politischer Dezisionismus lächerlich macht? Das ist nun in der Tat die zentrale Frage – denn die klassische Trennung von Politik und Gesellschaft hätte, Ulrich Becks Analyse der Risikogesellschaft zufolge, ja längst ausgedient: zum einen, weil die politischen Instanzen sichtbar viel zuwenig zu entscheiden haben, als daß sich der zentralistische Machtapparat, den sie in Bewegung setzen, noch von selbst verstünde. Wesentliche Weichenstellungen geschehen in von politischen Legitimationsprozessen unabhängigen, also demokratisch nicht kontrollierten Subsystemen. «Subpolitik» dominiert Politik.

Zum anderen, weil noch die allerprivatesten Entscheidungen der Bürger – etwa über ihre Fortpflanzung, ihre Wohnung oder ihren Arbeitsplatz – sich zu «Eckdaten» der Politik von herausragender Bedeutung kumulieren. Zugleich gebiert die «Risikogesellschaft» die Vorstellung von der unentrinnbaren Verkettung ökonomischer, sozialer, technischer Prozesse und erzeugt damit ja tatsächlich beständig «Betroffenheit» aller Privatpersonen, die sich als Teilnehmer an einem im wesentlichen nicht von ihnen bestimmten «Kollektivschicksal» fühlen.

«Tschernobyl» benennt diesen Zusammenhang: Die radioaktive Wolke, die vom zerborstenen sowjetischen Atomreaktor aus gen Westen zog und bei strahlendem Wetter am 1. Mai 1986 auch die Bundesrepublik überquerte, hat den Verstrikkungszusammenhang demonstriert, der alle eingefangen hat, und hat individuelle Bemühungen um gesundes Leben oder politische Eigenverantwortlichkeit der Lächerlichkeit anheimgegeben. Klassische politische Kategorien der individuellen Verantwortbarkeit und der politischen Entscheidung scheinen damit entwertet, ebenso wie die Flucht in die private Nische Selbsttäuschung geworden ist.

Die mehr und mehr medienwirksame Inszenierung von Betroffenheits- und Katastrophenszenarien à la «Das geht uns alle an» hat hier ihre handfeste Logik. Fraglich ist dennoch, ob mehr Bürgerbetroffenheit auch mehr Bürgerbeteiligung in dem Sinne impliziert, der bei Ulrich Beck anklingt: «Politische Modernisierung entmachtet, entgrenzt die Politik und politisiert die Gesellschaft – oder genauer: stattet die so ermöglichten und allmählich entstehenden Zentren und Handlungsfelder der Subpolitik mit Chancen der außerparlamentarischen Mit- und Gegenkontrolle aus.»[31] Daß sich aus dieser Analyse auch heute noch Honig saugen läßt, was die positiven Züge der Demokratisierungstendenzen der Gesellschaft und der Entmachtung der Politik betrifft, läßt sich mählich bezweifeln. Denn dieser Prozeß ist so ambivalent, wie gesellschaftliche Prozesse eben ambivalent sind: Der erfahrenen Hilflosigkeit einerseits ist eine Allzuständigkeit der Bürger in anderen existentiellen Fragen zur Seite getreten. Die Legende vom privatisierenden Ohne-Michel gilt für den bundesdeutschen Mittelstand schon längst nicht mehr – der im übrigen ahnt, daß sich die neuen, größeren Probleme mit dem Gefühlsvorschuß der Gutwilligen allein nicht lösen lassen.

Geht wirklich alle alles an, ist es menschenmöglich, ständig betroffen zu sein, darf sich der Bürger auch einmal des ubiquitär abverlangten Gefühls erwehren? Ist nicht der Verweis auf die Zuständigkeit der Gesellschaft wie auch auf den angeblichen Egoismus der Bürger schon längst zur Entschuldigung jener geworden, die sich aus populistischen Erwägungen nicht trauen, diesem Bürger auch etwas zuzumuten? Vielleicht wissen die in den letzten Jahrzehnten gründlich aufgeklärten Bundesrepublikaner, daß es sehr wohl Bereiche gibt, in denen Handlungsformen (wieder) gefragt sind, die staatliche Instanzen brauchen, weil sie von der «Subpolitik» oder von «der Gesellschaft» nicht erledigt werden können. Das gilt für eine offenkundig aus «außerökonomischen Motiven» (Meinhard Miegel) gespeiste Angelegenheit wie die deutsche Vereinigung, die weder von «der Gesellschaft» bewerkstelligt werden kann noch im Belieben persönlicher Verständigungsversuche der Individuen liegt, sondern ihren Advokaten vernünftigerweise im Staat hat; das gilt aber auch für die Frage, wie das Land mit dem wachsenden Migrationsdruck fertig werden kann. Und das gilt nicht zuletzt für die Frage, wie sich die Bundesrepublik außenpolitisch definiert in einer Welt, in der nach dem Frieden des Kalten Krieges eine neue Ära der heißen bewaffneten Auseinandersetzungen angebrochen ist. Doch dazu später.

Do, 5. Juni 97, Park

II

Arbeit am Mythos: 1968 – 1989

Das allseits politisierte Individuum

Liebe jüngere Generation: Ihr könnt es nicht mehr hören – wir auch nicht. Das Gerede von 1968, nur weil mal wieder ein Jubiläum angesagt ist. 25 Jahre – bitte, das ist doch ewig her! Und immer noch erregte Debatten darüber, ob wer den Geist von 68 verraten hat oder sich, im Gegenteil, immer noch nicht von den entsprechenden «revolutionären» Illusionen gelöst hat?

Der Mythos muß doch mächtig sein, wenn so heftig über die rechte Interpretation von «damals» gerungen wird: Waren die 68er die Vorreiter und Wegbereiter der Demokratisierung Westdeutschlands zu einer doch ganz passablen zivilen Gesellschaft? Oder tobte sich, im Gegenteil, damals eine ganz und gar undemokratische Horde aus, die alte Bindungen und Verpflichtungen, Konventionen und Werte hemmungslos-hedonistisch zerstörte, was ihre damaligen Protagonisten oder Nutznießer heute, angesichts einer ohne Erziehung und Autorität heranwachsenden Jugend, auch noch bitter beklagen dürfen?

An beiden Sichtweisen ist was dran – und beide sind grundfalsch. 1968 begann weder das demokratische Paradies noch der totalitäre Sündenfall; die Generation von 1968 hat wenig Grund, sich zu feiern – und eignet sich ebensowenig als Sündenbock für jedwede Mängelrüge der modernen Zeit. So bedeutend im guten wie im schlechten Sinn waren wir nicht. Und dennoch klebt «1968» nicht ganz zu Unrecht als Etikett für grundlegende Veränderungen an den darauffolgenden zwanzig Jahren Bundesrepublik Deutschland – mehr des jugendkulturellen Aufbruchs wegen denn aufgrund der Analysen und Parolen der sich politisch verstehenden Studentenbewegung, mehr noch vielleicht aufgrund der 70er Jahre, der Zeit der

Bürgerinitiativen und «sozialen Bewegungen» oder auch der «Szenekultur», die sich im nachhinein wie ein Laboratorium für Lebensexperimente ausnimmt.

Seit den 60er Jahren nahm die westdeutsche Gesellschaft Abschied von der Nachkriegszeit und öffnete sich bis in die Tiefenschichten hinein der westlichen Kultur, dem Konsumkapitalismus – gemessen an dem Puritanismus und der Enge der 50er Jahre ein revolutionärer Bruch, dessen Konsequenzen sich im Aufbruch von 68 verkörperten und in dessen Umkreis verarbeitet wurden. Der Einschnitt von 1989 wiederum hat das «Fortschrittsmodell» von 68 ungeheuer relativiert: Das, was sich in den letzten 25 Jahren Bundesrepublik Deutschland an progressiven Veränderungen getan hat, verdankte sich, heute unübersehbar, auch den Möglichkeiten der Existenz in einer Nische der Weltgeschichte. Das Weltbild von «1968» hat sich 1989 als untauglich für die Analyse der neuen Lage erwiesen.

Seit 1989 nämlich verbindet sich mit 68 nicht nur der (Pariser) Mai, die antiautoritäre Jugendrevolte, die Renaissance der Linken, dogmatisch und undogmatisch, die pädagogische Revolution oder «Kultur für alle», sondern auch eine bestimmte Version der Bundesrepublik Deutschland – eine Bundesrepublik der westlichen Orientierung und des wachsenden Individualismus, der zunehmenden Informalisierung und der «postmateriellen» Werte, des Pluralismus der Lebensstile und der kosmopolitischen Öffnung; eine postnationalistische Bundesrepublik, deren Bewohner wohl kaum ein Gedanke ferner lag als der an ein wiedervereinigtes Deutschland. Und als Prototyp dieses so auf- wie abgeklärten Bundesrepublikaners in der goldenen Abendsonne zum Ende einer Epoche trat im Jahre 1989 der Alt-68er auf. Auf einmal allerdings nicht mehr in seiner gewohnten Kleidung als Hoffnungsträger einer neuen Zeit, sondern vielmehr, in seiner Charakterisierung durch Patrick Süskind, als Abschlaffel, der den Spürsinn für den epochalen Wandel den weit agileren und vitaleren Greisen der Nation überlassen hatte: Willy Brandt an vorderster Stelle. «Die eigentlichen Greise», so kennzeichnete der damals 40jährige Süskind seine Generationsmitinsassen 1990 wenig schmeichelhaft, «sind wir, wir 40jährigen Kinder der Bundesrepublik. Uns hat das Erdbeben kalt erwischt. (...) Uns treffen die Erschütterungen im denkbar ungünstigsten Moment, denn wir befinden uns in einem Lebensabschnitt, in dem der Mensch geneigt ist, eine Pause einzulegen...»[32]

Ja, «wir»: Tatsächlich gibt es einen Generationszusammenhang, der mit dem Etikett «1968» wie mit einem besonders starken Zauber versehen ist und der zumindest die «progressive Mittelschicht» der mittleren und großen Städte benennt. Denn ob wir alle 1967 und 1968 demonstriert, später Barrikaden gebaut und Marx studiert oder nur Shit geraucht und «befreit gevögelt» haben oder angeekelt die nächste schlagende Verbindung oder wenigstens den RCDS aufsuchten – die Generation der Anfang der 40er bis Ende der 50er Jahre Geborenen ist, bejahend wie abgrenzend, geprägt von Jugendbewegung und Vietnamkrieg, Drogenkultur und Regelverletzung, offener Ehe, Wohngemeinschaft und Alternativszene, Frauenbewegung und Abtreibungsfrage (Liste ohne Vollständigkeitsanspruch). Der heute nur noch auf Trennungsunfähigkeit hindeutende Affekt gegen 68 hält sogar jetzt noch manch Nachgeborenen im FAZ-Feuilleton warm.

Auch wenn viele «antiautoritäre 68er» die Bewegung mit den Beatles und Rolling Stones 1961 anfangen und mit dem Rückzug ins marxistisch-leninistisch-maoistische Sektenleben 1969/70 enden sehen: das Echo von damals reicht bis in die 70er, ja sogar weit in die 80er Jahre hinein. Die Wegmarke 68 ist aus den gesellschaftspolitischen Orientierungsversuchen der letzen 25 Jahre nicht wegzudenken – und auch nicht die Tatsache, daß der Zusammenhang, der mit ihr benannt ist, sich 1989 als weithin unbrauchbar schon für die Erkenntnis, ganz zu schweigen von der Bewältigung neuer Lagen erwies.

Für 1968 schien 1989 alles zu evozieren, wovon man glaubte,

Abschied genommen zu haben: «Deutschland einig Vaterland» war wieder angesprochen, wo man doch längst europäisch fühlte; häßliche P-Worte wie Preußen, Protestantismus und Pflicht standen wieder im Raum, die man mit deutschem Verhängnis, Lustfeindlichkeit und Sekundärtugenden identifizierte. Auch «teilen» wollte man lieber mit der Dritten Welt als mit diesen unmanierlichen Zonis, für die der Konsumrausch noch nicht so abgefrühstückt war wie für den westdeutschen «Natur»-Leser mit der vollentwickelten Neuen Bescheidenheit. 1989 verband sich mit – irgendwie – nationalen Angelegenheiten, die im postmodernen Deutschland gar nicht mehr vorgekommen, vielmehr den «Ewiggestrigen» vorbehalten gewesen waren. Chancen vermochten deshalb nur wenige in der neuen Situation zu entdecken: Chancen etwa auf das, was Jahre zuvor zum Grundanspruch der «68»-Sozialisierten gehört hatte – Veränderung. Denn obzwar es ja gar keine kleine Kulturrevolution war, die seit 1968 die Bundesrepublik in einem ständigen Prozeß der Selbstbefragung gehalten hat, hing, wohl nicht nur deutschlandpolitisch gesehen, kaum eine Generation mehr dem Status quo an als diese – wobei die eine oder andere gesellschaftskritische Phrase und manch Betroffenheitsbekenntnis mittlerweile dazugehörten.

In den 80er Jahren profitierte auch, ja gerade die 68er-Generation von der kulturellen, politischen und ökonomischen Öffnung der Bundesrepublik. In diesen Jahren unbeschreiblichen Wohlstands und einer wohlfunktionierenden Schönwetterdemokratie, Jahren geplättelter Fußgängerzonen und ausufernder Klientelversorgung in den Städten und Kommunen, von der nicht zuletzt viele im Dunstkreis von 68ff. zehrten, war unübersehbar geworden, was die Mehrzahl ehemaliger 68er gar nicht mehr bestritten hätte, hätte man sie denn gefragt: Dieser Staat war auch von ihnen in jahrelangen wechselseitigen Lernprozessen «angeeignet» worden. Wobei die Frage einigermaßen müßig ist, wer hier wen beeinflußt und verändert hat – aber immerhin: der Affekt gegen das miefig-obrigkeitsstaatliche Klima der Nachkriegsbundesrepublik war auf fruchtbaren Boden gefallen. Man konnte sich in den 80er Jahren demokratisch kontrollierter und, wenn auch im Rahmen, lernfähiger Verwaltungen und lernfähiger staatlicher Organe wie etwa der Polizei rühmen. Und: Heute stellen die Gastronomen schon beim ersten Sonnenstrahl im März allenthalben Stühle und Tische auf die Straße, wie es früher nur im Biergarten und gerade mal nach Pfingsten «üblich» gewesen war. Die Bundesrepublik ist südlicher, informeller und unordentlicher geworden.

Weshalb in den goldenen 80ern zu militanter Systemveränderung immer seltener aufgerufen wurde, obzwar regelmäßig wechselnde Katastrophenszenarien zum Weltbild dazugehörten. Den Anfang der 80er Jahre bestimmte die Friedensbewegung mit ihrer Evokation der drohenden atomaren Apokalypse und der kollektiven «Versaftung» unter der Neutronenbombe. Nach Tschernobyl übernahm die ökologische Katastrophe die Funktion des tendenziellen Falls der Profitrate als Indikator der Krisenhaftigkeit des «Systems». Die Lehre aus der Tatsache, daß die Welt nicht unterging, das System nicht im Todeskampf lag und das Allerschlimmste nicht eintrat – vieles war schließlich schlimm genug –, mündete für viele Alt-68er und Nachfahren von 1968 vielmehr in handfestem Reformismus. Der noch in den 70er Jahren bevorzugte Standort kritischer Geister – «außerhalb des Systems» – war nur noch für Sektierer interessant.

Wie schmerzhaft und heftig diese Debatten gleichwohl verliefen, zeigt die Geschichte der Grünen, die sich immerhin schon Ende der 70er Jahre dafür entschieden hatten, dem Organisationsmodus «Partei» und der Teilhabe am parlamentarischen Politikbetrieb den Vorzug zu geben vor der «Bewegung» und dem ganz großen sozialrevolutionären Anspruch. Für die stellvertretende Abarbeitung und Beschließung sozialradikaler Mystifizierungen in der Bundesrepublik dürfte kaum etwas bedeutsamer gewesen sein als der «Flügelkampf» zwischen «Fundis» und «Realos», der mit dem «Sieg» der letzteren und der Marginalisierung der ersteren endete. Wenn es denn richtig ist, der 68er-Generation Anteil an der lebhaften Demokratisierung der Bundesrepublik zu bescheinigen, dann läge er hier: in der öffentlichen Zurschaustellung von Lernprozessen – man denke an den Streit um die Rotation, um das staatliche Gewaltmonopol, um Basisdemokratie.

Ausgerechnet die ausgeruhten Vertreter des grünen Reformgeistes und die souveränen Teilhaber bundesrepublikanischer Diskurskultur schienen indes 1989 den Hintern nicht hochkriegen zu können. Die Abwehrbewegungen gegen die Zumutung von 89 waren vielfältig (die altlinke Fahndung nach dem «Dritten Weg» mal ausgelassen), aber unterm Strich ziemlich eindeutig: Man wollte sich, wie einst die eigenen Eltern, von den «anderen» das Erreichte nicht kaputtmachen lassen – sich, zum Beispiel, nicht von den «autoritären Wundereiern» aus der DDR (Thomas Schmid) die Segnungen der zivilen Republik zuschanden machen lassen. Besonders unfair, obzwar von vielen sicherlich als besonders sensibel gemeint, war dabei das Anfang 1990 noch (z. B. von Joschka Fischer) bemühte Argument, «wegen Auschwitz» dürfe es zur Wiedervereinigung nicht kommen. Konkurrenzlos mies war der Mittelklasse-Affekt der linksliberalen Schickeria gegen die bei Aldi dem «DM-Nationalismus» (Habermas) hinterherlaufenden Bananen-Zonis, eine Konsumverachtung, die jenen besonders gut zu Gesicht stand, die ihre Austernphase bereits hinter sich hatten.

Also: «Wir», die 68er, die frühvergreiste «Weißweinfraktion» (Matthias Horx) mit vollautomatischem Besitzstandsdenken und fest eingebauter sozialer Kälte? Die teilungsunwilligen Hedonisten, die ihr ungefiltertes Ressentiment gegen die «Zonis» auch noch mit den Ganz Großen historischen Vorbehalten bemäntelten? Waren das wirklich «wir» – oder nicht doch eher spätberufene Sozialdemokraten und Ex-Jusos, für deren fehlgegangene politische Sozialisation, liebe Brigitte Seebacher-Brandt, «wir» alten Antiautoritären eher wenig können?

Nicht nur das FAZ-Feuilleton arbeitete sich ein weiteres Mal an den ungeliebten 68ern ab – dabei war schwer zu übersehen, daß die Anhänger des Status quo sich keineswegs auf die Generation der 68er und noch nicht einmal auf die Linke beschränkten. «Nationalrausch» fürchteten auch andere, mit «Auschwitz» wollten auch Ältere die Wünsche der DDR-Bürger kurzhalten (z. B. Günter Grass). Interessant an mancher Abwehr der deutschen Wiedervereinigung war vielmehr, wie stark sich in der alten Bundesrepublik – auf allen Flügeln und generationsübergreifend – Topoi durchgesetzt hatten, die einer Gesellschaftskritik entstammten, die in der Tat 1968 hohe Auflagen gemacht hatte. 1989 gehörte das Hantieren mit den Versatzstücken linker Gesellschaftskritik, wie verwaschen auch immer, zur zivilgesellschaftlichen Ausstattung und zum Konversationsgestus eines ausgeruhten Bundesrepublikaners.

Tatsächlich fürchteten die Aufgeklärten der Republik 1989 einen neuen deutschen Nationalismus (also den alten) stärker, als man die Perspektive der Demokratisierung der DDR begrüßte. Tatsächlich feierte in Deutschland (West) kaum einer den Sieg des westlichen Lebensmodells, sondern meinte, im Gegenteil, die begehrlichen DDR-Bürger vor allzuviel Konsumkapitalismus warnen zu müssen. Tatsächlich hielten viele, mit Günter Gaus, selbst die paar doch ganz ordentlich funktionierenden demokratischen Errungenschaften wie Gewaltenteilung, rechenschaftspflichtige Verwaltungen, kritische (Medien-)Öffentlichkeit für nicht bedeutend genug, um sie mit fliegenden Fahnen nach «drüben» zu tragen.

Daß wir eine eiskalte Ellenbogengesellschaft seien, wie clevere ostdeutsche Politiker im harten Umverteilungskampf zwischen Ost und West spätestens 1991 ständig monieren, verdankt sich nicht nur der Anschauung jener wenig ansehnlichen Glücksritter, die der Westen in den entscheidenden ersten Monaten und Jahren in den Osten entsandte, sondern auch westlicher Selbsteinschätzung, die unsere kritischen Köpfe gern und häufig verbreiteten.

Eine Abwertung der westlichen «Errungenschaften», auch der Parteiendemokratie, gehörte zum guten Ton in gutwilligen Kreisen – die irritierenderweise ihren Einfluß aufs öffentliche Leben auf Null veranschlagten, als sie den eben noch als ganz zivil geltenden westdeutschen Sozialstaat vom «Nationalrausch» und den alten deutschen Dämonen bedroht sahen. Plötzlich war, ganz in der alten gesellschaftskritischen Logik, der Staat wieder «die anderen», und deutsches Unheil zog auf, dem man offenkundig kaum wehren zu können glaubte. Plötzlich entdeckten die erstaunlichsten Leute eine ganz neue Anhänglichkeit an die vom Untergang bedrohte DDR.

Unter der angeblich konservativen Kohl-Regierung verlief der öffentliche Mainstream längst im Flußbett linksliberaler Weltbilder. Nicht nur war die Wiedervereinigung in den Jahren nach 1968 als «reaktionär» konnotiert worden, lehnte der entspannte Bürger «Antikommunismus» ab und verbat sich jegliche «Totalitarismustheorie», auch war die Vorstellung weit verbreitet, die «Systemfrage» (also: Kapitalismus oder Sozialismus) sei weit wesentlicher als die Alternative Demokratie oder Diktatur. An dieser widersprüchlichen deutschen «Identität» hat «1968» ohne Zweifel mitgewirkt – man lebte zwar nicht schlecht in einer Republik, die man zugleich nicht zum Eigenen und Eigentlichen zählte. Der lässige Umgang mit dem so lebenswichtigen Unterschied zwischen Demokratie und Diktatur, der DDR-Dissidenten regelmäßig verwirrt – wonach «der Honecker auch nicht schlimmer sei» als der Kohl –, verdankt sich dieser Identifikationsverweigerung.

«Wir waren alle keine Demokraten»

Es wäre eine Analyse wert, was damals, um 1968 herum, alles unter «Demokratisierung» firmierte – auch das ist wohl kaum nachzuvollziehen ohne ein Verständnis dessen, wovon sich diese Jugendbewegung so rabiat distanzierte. Denn für die politische Studentenbewegung und insbesondere die Sekten, in die sie sich so bald auflöste, galt der Satz Peter Schneiders unbedingt: «Wir waren damals alle keine Demokraten.»[33]

Das Faszinosum war ja gerade der Verstoß gegen alle, aber auch alle gesellschaftlichen Regeln, wie er sich im rüden Ton der «Versammlungsdemokratie», der «Ad-hoc-Demokratie» in den Hörsälen der Nation manifestierte. Die Selbsttäuschung über diese Darstellungsorgien autoritärer Charaktere lag offenkundig darin, daß man die Entregelung der Kommunikation, den Regelbruch selbst schon als Erweiterung der Kommunikation, als ihre Demokratisierung begriff: Jetzt sollten nicht nur jene reden, die bis dato – qua Amt oder Fachautorität – als «befugt» galten. Nun befugte man selbst – was bekanntlich keineswegs hieß, daß nun «alle» zu Wort gekommen wären. Verfahrensgerechtigkeit war weitgehend aufgehoben. Andererseits war mit der Entregelung der Anspruch formuliert, den später, in schöner nervensägender Penetranz, die Frauen einklagen konnten: daß man als Minderheit oder als unterdrückte Minderheit das Wort zu erhalten habe, egal, ob man auch etwas zu sagen hatte.

Die Forderung nach einer substantiellen Füllung der «bloß formalen», der «bürgerlichen Demokratie» verwies eher auf rätedemokratische Modelle denn auf das schwerfällige Procedere der bundesrepublikanischen Parteiendemokratie. Die Kritik am CDU-Staat, wie sie damals auch von den etablierten Intellektuellen geübt wurde, die Kritik etwa von Karl Jaspers an der «Parteienoligarchie» und der geringen demokratischen Beteilung des Volks[34], ließ die jüngere Generation mit radikaler Geste bald hinter sich – als bloß am Symptomatischen orientiert. In Windeseile wurde die Forderung nach «Demokratisierung» zu fundamentaler Systemkritik am Spätkapitalismus. Statt erregender neuer Utopien griff man bald zu den ältesten Hüten aus der Geschichte der Arbeiterbewegung: «Wenn man sich heute die Filme von 68 anschaut, die Reden anhört, dann ist das eine Katastrophe. Es tut richtig weh» (Daniel Cohn-Bendit).[35]

Bevor über den Anteil dieser Generation an einer Demokratisierung der bundesrepublikanischen Nachkriegsgesellschaft zu reden wäre, ist festzuhalten, daß er hier nicht aufzufinden ist: Die ohnehin schwach ausgeprägte Vorliebe der Nachkriegsdeutschen für die Demokratie wurde hier völlig – und vielleicht auch nachhaltig – demoliert. Viele der Älteren schienen das mit klammheimlicher Genugtuung hinzunehmen: Das «so was» unter Hitler nicht passiert wäre, sagt alles über die Wertschätzung, die das parlamentarische System und die Freiheit, die es auch den «Unwürdigen» bot, damals im Westen Deutschlands genoß. Demokratische Vorbilder bei den Älteren im Nahbereich waren rar, ich entsinne mich ihrer nicht. Persönlichkeiten wie Gustav Heinemann, Carlo Schmid oder auch Willy Brandt und sein «Mehr Demokratie wagen!» konnten dieses Defizit nicht ausgleichen.

Der «demokratischen Fassade» mißtrauten wir Jüngeren oft genug zu Recht: Für die sich durch die Niederlage 1945 gedemütigt fühlenden Deutschen, denen die Demokratie bloßes Oktroy der Besatzungsmacht war und insofern nichts, mit dem man sich identifizieren konnte, war das Insistieren auf «Ordnung» weit wichtiger als das Beharren auf den Regeln demokratisch gesitteten menschlichen Umgangs. Daß sie die Ordnung störten, war der haßerfüllte Vorwurf gegen die Studenten – nicht, daß sie undemokratisch seien. Daß sich Jürgen Habermas damals dazu hinreißen ließ, den terroristischen Gesprächs- und Versammlungsstil mit «Faschismus» in Verbindung zu bringen, ist im nachhinein so verständlich, wie es damals in seiner Wirkung fatal war. Damit stand Habermas als Autorität, die demokratische Korrektur hätte ausüben können, nicht mehr zur Verfügung.

Aber hätte das noch etwas genützt? Der Haß der beiden Bürgerkriegsparteien war längst ins Unbeherrschbare gewachsen. In der Bundesrepublik, vergessen wir das nicht, erinnert das

Datum «1968» ja entschieden weniger an Woodstock und Flowerpower denn an das Attentat auf Rudi Dutschke und die nachfolgenden «Osterunruhen», dieses Attentat, das nicht nur die Bild-Zeitung, sondern tatsächlich den «applaudierenden Bürger» im Hintergrund hatte. Die schlagartig militarisierte Bewegung nannte «Gegengewalt», was natürlich nicht im geringsten legitimiert war, obwohl wir es als legitim empfanden. Daß sich dieser brachiale Kampf zwischen den Generationen auf der Seite vieler der jüngeren Generation schließlich in linker Gesellschaftskritik ausdrückte, verdankte sich nicht nur der guten Schulung des SDS, sondern auch dem Bürgerkriegsszenario des Generationenkonflikts. Mit perfide-perfektem Gespür für die Schwachstellen im Charakterpanzer, wie sie alle jüngeren Generationen auszeichnet, holten die Rebellen das aus der Schublade der Geschichte, was den Älteren am meisten weh tun mußte – die Mao-Bibel und die Phrasen der «Besatzer» von «drüben», der DDR, angereichert mit unbürgerlichem Habitus und amerikanischer «Negermusik». Das erstaunliche Reüssieren eines so aufwendigen ideologischen Gebäudes wie des Marxismus – mit viel authentischem Marx – ist damit nicht erklärt: aber die Tür zu dieser Geheimwissenschaft war, nachdem das linke Tabu einmal durchbrochen war, weit aufgestoßen.

Wir waren «jung und progressiv». Nur wenige erkannten in der radikaldemokratischen Unbedingtheit der damaligen Jahre ältere Wurzeln: eine «Formschwäche», eine Verachtung des demokratischen Regelwerks, die wohl an «Weimar» erinnern mochte – daran, daß die Weimarer Republik an einem Mangel an Demokraten zugrunde gegangen war, nicht an zu vielen Nazis und auch nicht am Kapitalismus. In der Studentenbewegung aber siegte schon bald wieder die systemkritische Parole: «Kapitalismus führt zum Faschismus, Kapitalismus muß weg.» Und sowenig man die Studentenbewegung und die neue, sich undogmatisch nennende Linke für den real existierenden Sozialismus, die DDR oder gar die DKP vereinnahmen kann – für viele war 1968 vor allem mit dem erschütternden

Erlebnis verbunden, daß die Sowjetunion im Bündnis mit den lieben Brüdern aus der DDR den Prager Frühling niederwalzte –, in ihrer «Faschismusanalyse» ist ein wichtiges Moment enthalten, das in den letzten 25 Jahren mehr und mehr an Boden gewann und die bundesrepublikanische Nachsicht gegenüber dem «Resozismus» (Hans Magnus Enzensberger) erhellt: Es könne etwas dran sein am antifaschistischen Staatsmythos der DDR und dort sei doch das «bessere Deutschland» angesiedelt – zumindestens moralisch. Aber dazu später.

Substantialistische Vorstellungen von Demokratie spielten zehn Jahre später auch bei den Grünen eine große Rolle, obzwar es jetzt vielfach die alten 68er waren, die vor dem großen, die demokratische Form negierenden sozialrevolutionären Gestus warnten.[36] Obzwar aus studentischen Vollversammlungszeiten noch hinlänglich erinnerlich war, daß informelle Hierarchien die «Autoritäten» weit mehr begünstigen als klare Strukturen, glaubte man noch immer an den Charme und die größere politische Weisheit basisdemokratischer Modelle. Davon profitierten letztlich nur die Funktionäre mit Sendungsbewußtsein und Sitzfleisch, die warten konnten, bis die Streitbereitschaft der Versammlungskultur zu später Stunde ausfranste. Es hat lange gedauert, bis die grüne Bundestagsfraktion von Rotation und imperativem Mandat Abschied nahm – vor allem letzteres mutete dem Wähler zu, auf die Unabhängigkeit der von ihm gewählten Abgeordneten zu verzichten und sie statt dessen der Meinungsbildung in Gremien unterworfen zu wissen, die seiner Kontrolle nicht unterlagen: z. B. der Fraktionsmitarbeiter. Die Grünen waren in ihren Anfangsjahren nicht gerade der Prototyp einer demokratischen Partei gewesen – ihr Verdienst liegt darin, daß sie vor den Augen der Öffentlichkeit dazu wurden; auch wenn damit viel vom Charme des radikalen Aufbruchs verlorenging. Aber die pädagogische Bedeutung der öffentlichen Selbstaufklärung ist womöglich höher zu veranschlagen.

«Demokraten waren wir alle nicht.» Trotzdem sind mit

1968 ff. gesellschaftliche Prozesse verbunden, die «Demokratisierung» zu nennen man sich angewöhnt hat. Was ist damit gemeint?

Revolte und Jugendkultur

Für manche, wie gesagt, hörte die Aufbruchsstimmung von 68 spätestens 1969 auf: als sich die antiautoritäre Revolte, die sich als gescheitert begriff, in den Katzenjammer und in die marxistisch-leninistische Sektenbildung zurückzog. Der kulturrevolutionäre, der hedonistische Impetus erholte sich von der neuen Rigidität erst spät, nach brutalen Sektenkämpfen und dem Abwandern einiger in die tödliche Sackgasse des bewaffneten Kampfes. Die «Stadtguerilla» war im übrigen eine besonders tragische Fußnote zum Thema «Jugendirresein»: Die aus dem beliebten Che-Guevara-Poster abgeleitete Verwechslung von Urwald und Bundesrepublik verlängerte präpubertäres Räuber-und-Gendarm-Spiel in eine blutige Tragödie, die ausgerechnet bei staatstragenden Kräften der normalerweise wenig farbenfrohen trocken-dogmatischen DDR Unterstützung fand.

Erst in den Szenemilieus der späten 70er Jahre, nach dem Schock des «Deutschen Herbstes» über die Sackgasse der Militanz, wurde wieder erkennbar, daß unter dem Aufbruch von 68 weit gewichtigere Strömungen wirkten, die die politische Attitüde zum Ketchupklecks auf einer viel revolutionäreren und zugleich viel profaneren Bewegung herabwürdigten: der «nachgeholten Modernisierung», einer «zweiten Individualisierung», begleitet von einem «Informalisierungsschub» (Norbert Elias), in dessen Verlauf die starren sozialen Grenzen und die Geschlechterschranken aufzuweichen begannen.

Für die in den 60er Jahren langsam der Pubertät entwachsenden jungen Menschen war mit der Popkultur der Beatles und der Rolling Stones, mit der Minirockmode von Mary

Quant und mit dem ersten Joint das erste Mal eine eigene Jugendkultur sichtbar geworden, die sich als Gegenkultur zur Welt der Eltern verstand – insbesondere dann, wenn die sich noch dem Bildungsbürgertum zugehörig fühlten. Während «Jugendkultur» heute eher davon bedrängt wird, daß niemand mehr alt werden will, die Frührentnerin sich wie ein Teenie kleidet und alle im Radio die gleiche Popwelle hören, waren damals, im Lys-Assia-, Gerhard-Wendland- und Vico-Torriani-Land, die britischen Top Ten Geheimwissen, das man Radio Caroline nachts unter der Bettdecke abgerungen hatte. In den Kneipen der Kleinstadt, in der ich aufwuchs, war Mädchen in Hosen der Zutritt verboten, weshalb ich die 1967 neu eröffnete Boutique von der sonst geübten Konsumkritik in der Schülerzeitschrift völlig aussparte, weil sie die Insignien der neuen Zeit, nämlich Miniröcke (gemäßigt), verkaufte anstelle der die Knie bedeckenden dunkelblauen Plisseeröcke, die Mutter noch für angemessen hielt. Lehrer wiegten entgeistert das Haupt angesichts der Belobhudelung einer schlichten kapitalistischen Verkaufsstelle für Damenoberbekleidung zur Wiege der Kulturrevolution.

Doch Musik und Mode verliehen Millionen von Teenagern Identität – Identität, erstmals auch in Deutschland, als Käuferschicht mit neuen, ganz eigenen und bald sogar legitimen Ansprüchen. Sie entließ auch die westdeutschen Kinder der leistungsstarken, den Nationalsozialismus bis zur Selbstbetäubung abarbeitenden und sich irgendwie dauernd zusammenreißenden Wirtschaftswunderdeutschen der späten 50er und frühen 60er aus dem engen Rahmen spießbürgerlicher Wohlanständigkeit. Die Popkultur stellte die Ikonen zur Verfügung.

Heute sind Jugendliche bestens über den Statuscharakter bestimmter Kleidungsstücke und Moden belehrt und wissen ihr Lied zu singen vom Konsumterror. Damals dienten die Insignien der Jugendkultur noch nicht oder entschieden weniger der Statuskonkurrenz untereinander, sondern vor allem der Abgrenzung von den Älteren, die in braven Strickkleidern am

Rande der Tanzfläche standen und dem Exhibitionismus der Jüngeren nicht mehr zu folgen vermochten, die das Terrain mit einer neuen raumgreifenden Tanzpraxis der freien und ziemlich unvorschriftsmäßigen Bewegungen längst rücksichtslos erobert hatten. Diese als «Gegenkultur» verklärte Abgrenzung von der bürgerlichen Welt und ihren Ordnungs- und Unterscheidungskriterien reihte sich mit Prager Frühling und Pariser Mai nachhaltiger in ein Lebensgefühl von 68 ein als die großen theoretischen Entwürfe und die revolutionären Tiraden – und hat, so unpolitisch das alles auch war, den weitaus größten Anteil an den demokratisierenden Aspekten, die mit 68 in Verbindung gebracht werden.

Rock 'n' Roll und Beat, Jeans und Minirock standen für Informalisierung, für das Einebnen sozialer Distinktionen und die Erweiterung der Kommunikation über Klassen- und Schichtschranken hinaus – in einem Deutschland der Nierentischära, das, nicht nur soziologisch gesehen, «dem 19. Jahrhundert näher(stand) als dem Jahre 1968».[37] Die bürgerlichen Sekundärtugenden Pflicht und Verantwortungsgefühl kreisten um das Zentrum Arbeit, das bürgerliche Milieu kannte noch feste Maßstäbe für die Bewertung von Besitz und Herkommen (die «gute Kinderstube»). Und zu Hause war Beethoven nicht nur ein Wort: mit der strikten Unterscheidung von Hochkultur und Trivialkultur hatten sich Elite und Masse wieder auf die Plätze aus dem 19. Jahrhundert zurückbegeben.

Weshalb bei uns zu Hause Micky-Maus-Heftchen als Schund galten, ein Fernseher für entbehrlich gehalten wurde und sogar die erste Platte von ausgerechnet Franz-Josef Degenhardt noch als Kulturerlebnis nach Art der bildungsbürgerlichen Salonkultur zelebriert wurde: Die ganze Familie saß um den Plattenspieler herum und lauschte, als ob Les Préludes gegeben würde – die Eltern mit an die Lippen gelegtem Zeigefinger, bedeutungsvoll nickend, beseligt lächelnd und, irgendwie, weihevoll. Dieser hohe Kulturton ließ zeitweilig die Illusion zu, mit der Gegenkultur ungeahnte Freiheitsräume aufzustoßen und im

Verstoß gegen bürgerliche Konvention ein Befreiungserlebnis erblicken zu können: Es war eins.

Die Hippies, Blumenkinder, Aussteiger, Haschrebellen und alle anderen Absonderlichkeiten im Dunstkreis von 68 waren, das wissen wir heute längst, Vorreiter wie Symptome einer enormen Ausdehnung des kapitalistischen Marktes und der Werbeindustrie. Diese Ausdehnung verdankte sich nicht nur der Etablierung einer Jugendkultur und damit einer Konsumentengruppe mit eigenen und immer vielfältigeren Produkten. Selbst der 68ff. annoncierte Regel- und Tabubruch erwies sich als funktional: Die «sexuelle Befreiung» öffnete ganz neue Intimzonen dem Gebot des Marktes, daß nämlich Bedürfnisbefriedigung jeglicher Art keinerlei Aufschub dulde. Die Werbung beeilte sich, solcherlei Impulse aufzugreifen und umzusetzen – als uferloses Verlangen nach immer neuen Waren und Genüssen. Der konsumkritische Gestus der aufgeklärten, der «politischen» Vertreter der 68er paßte dabei übrigens durchaus ins Spiel: nicht nur lieferte er das mittelschichtspezifische schlechte Gewissen in zeitgemäßem Gewand, ohne das Konsum hierzulande nicht funktioniert. Er beförderte auch die Erfindung neuartiger, preiswerter Massenprodukte, die mit antibürgerlichem Nimbus verkaufsfördernd umgeben werden konnten. (Billige Drittweltklunker, die Jeans- und die Turnschuh-Mode sind ein Beispiel von vielen.) Die westdeutschen neuen Mittelschichten mit ihrem Hang zur hohen Moral und zum schlechten Gewissen kamen ganz gut klar mit dem genußvollen Leben einerseits und der auf den Klassenkampf, die Dritte Welt oder «die Gefangenen» verweisenden konsumkritischen Anklage andererseits. So konnte niemand unterstellen, man würde, wie die Eltern zu Zeiten des Wirtschaftswunders, «bewußtlos» konsumieren.

Ohne die seit den 60er Jahren beschleunigte Pluralisierung der Lebensstile und die damit einhergehende ungeheuerliche Ausdehnung des Marktes hätte es die Wohllebe der 80er Jahre nicht gegeben. Und wahrscheinlich auch nicht ohne das Beziehungsgespräch und den Geschlechterkrieg. Denn während die Wohngemeinschaftskultur der 70er noch für sich reklamieren konnte, die Investition in und Vergeudung von langlebigen Konsumgütern deutlich zu verringern, ist das Gegenteil für die wachsende Single-Kultur zu konstatieren. Eine gigantische Menge von Gütern und Leistungen wird heute über den Markt umgesetzt, die früher in der Familie produziert und erbracht wurden (von der Kleidung bis zum Eingemachten). Auch die Revolte gegen hergebrachte Frauenrollen hat sich volkswirtschaftlich niedergeschlagen. Das ist kein Nörgeln am allfälligen Konsumismus: Die wohlangebrachte Skepsis gegenüber der Rhetorik der Befreiung muß die Freiheitschancen nicht leugnen, die in der Pluralisierung der Lebensstile liegen. Man nannte das mal Dialektik.

Dialektik ist auch, daß der Gestus der Revolte und des ungeheuer Neuen, der Gestus auch des Jugendlich-Gegenkulturellen über die Verluste hinwegtröstete bzw. sie mit Sinn versah, die in dieser Modernisierungs- und Individualisierungswelle verborgen lagen. «So wurde es der jungen Generation möglich, lebenspraktisch zumindest mit einem Minimum von Sinnerfahrung jene Veränderungen der Nachkriegszeit zu vollziehen, die herkömmliche Daseinsformen erschütterten, vertraute Milieus lockerten und überkommene lebensweltliche Orientierungen entwerteten», analysiert Kaspar Maase die «Amerikanisierung» deutscher Jugendlicher wenige Jahre zuvor.[38]

Freisetzungen

Der Informalisierungsschub von 1968, aus dem Blickwinkel von Norbert Elias' zivilisationsgeschichtlichen Erwägungen betrachtet, bedeutete nicht nur eine «Barbarisierung» der Welt – das auch! –, sondern deren Bemächtigung unter neuen, weitaus schwierigeren Bedingungen, die mit Herkommen und starren Verhaltensanforderungen nicht mehr zu bewältigen waren. Elias nennt den wachsenden gesellschaftlichen Druck zur Selbstregulierung «einen Schub der Individualisierung».[39] Hier liegt die wahre Revolution, zu deren Bewältigung die Generation der 68er und insbesondere der 78er[40] durchaus beitrugen – auf widersprüchliche Weise, wie es sich gehört.

Mit der «ersten Individualisierung» ist jene Trennung von Öffentlichkeit und Privatheit gemeint, wie sie sich in der Renaissance anbahnt und bis ins 19. Jahrhundert über ganz Europa ausbreitet. Mit der Religionsfreiheit, der Entwicklung des modernen Nationalstaates, der Alphabetisierung entstand erstmals ein geschützter privater Raum, in dem das Individuum sein inneres Wesen kultivieren konnte, ein Bereich eigener, von Einmischung (außer der des Gewissens) freier Entscheidung.[41] Mutterliebe und bürgerliche Familie als emphatisch besetzter Privatraum spielten erst im 19. Jahrhundert eine umfassend prägende Rolle, verschärft noch durch die im Zuge der Industrialisierung zunehmende Trennung von Haus und Arbeitsplatz.

Der Ausgestaltung der Privatsphäre als eines Raums der individuellen Freiheit vor Einmischung durch soziale oder politische Instanzen korrespondierte im 19. Jahrhundert mit der einsetzenden Industrialisierung die «Freisetzung» der unteren Schichten aus agrarisch-ständischen Produktionsbeziehungen und Abhängigkeiten, die Entwicklung zum «freien Lohnarbeiter». Daß man gerade in Arbeiterkreisen gegen die Erwerbsarbeit von Frauen kämpfte, lag nicht nur daran, daß deren Lohnarbeit oft von der nackten Notwendigkeit erzwungen wurde. Man wollte nicht alles, vor allem nicht die Hüterin des Privaten, dem gefräßigen Markt preisgeben. Mit «zweiter Individualisierung» nun ist eine weitere Welle der Freisetzung gemeint, eine nachgeholte Modernisierung sozusagen – Freisetzung aus familiären Bindungen und sozialen Milieus, aber auch von Religion und Weltanschauung, von Arbeitsethos und ständischen Bindungen und vor allem von festgefügten Mustern im Geschlechterverhältnis. Die «halbe Modernisierung»[42], die bis dato vor der Familie haltgemacht hatte, erfaßte nun auch, mit den Frauen, «die Keimzelle des Staates» – wenngleich faktisch keinesweg in dem Ausmaß, das seit 1968 für selbstverständlich und umstandslos erforderlich gehalten wurde.

Bedenklichen und keineswegs nur konservativen Betrachtern ist die Auflösung der bürgerlichen Kernfamilie (ein indes historisch junges Phänomen) gleichbedeutend mit dem Verzicht auf jedwede private Bindung, mit dem Verlust solcher Tugenden wie Verantwortung für andere, mit der Aufgabe einer geschützten «Privatsphäre», die den Stürmen der äußeren Welt und der beständigen Modernisierung durch den Industrialismus widerstehen könnte. Tatsächlich stellt das allen Pflichten und Verbindlichkeiten ledige Individuum – in den Großstädten der Republik flockig «Single» genannt – bereits die Hälfte der gezählten Privathaushalte.[43]

Die Erscheinungs- und Bewegungsformen dieses Prozesses sind Mobilisierung, Massenkommunikation und Massenkonsum. Und ganz abgesehen von kulturkritischen Erwägungen oder konservativen Bedenklichkeiten widerspricht dieser Prozeß schon längst dem Fundament, auf dem die gesellschaftlichen Verträge seit dem 19. Jahrhundert beruhen. Er hat das Sozialgefüge von der Gesundheitsfürsorge bis zur Rentenversicherung zerrüttet, soweit es immer noch mit der privaten Solidargemeinschaft Ehe und Familie rechnete, den Wohnungsmarkt und die Verkehrsplanung vor unlösbare Probleme gestellt und die demographische Pyramide umgedreht: Die Alten nehmen zu, Junge wachsen nicht nach. Ob man diese Prozesse mit moralischen oder ökologischen Kategorien analysiert – als Egoismus, Hedonismus oder Ressourcenvergeudung –, ist ziemlich unerheblich: so neu sie welthistorisch sind, so wenig wird sich ihnen ein werteorientiertes Rückgrat einziehen lassen.

Diese Zersetzungsprozesse vollziehen sich seit mehr als zwanzig Jahren in Windeseile – natürlich nicht, weil 68er die Klotüren ausgehängt, das Orgasmusproblem als Nabel der

Welt erkannt und der Kleinfamilie den Kampf angesagt hätten. Aber immerhin: die Kulturrevolutionäre waren tatsächlich einmal auf der Höhe der Zeit. Mit sicherem Gespür postulierten sie als revolutionäre Errungenschaft, was sich längst in Bewegung gesetzt hatte und heute deutlich erkennbar keineswegs mehr nur auf der Gewinnseite und als «Fortschritt» zu verbuchen ist. Die Werte der «Individualisierung» – Autonomie, Selbstbestimmung, Selbsttätigkeit – erweisen sich, wie auch anders, als janusköpfig.

Exkurs: Das Prinzip Ikea

Der Kampf gegen das «Gelsenkirchener Barock» der älteren Generation, gegen ihre Wohnkultur mit «Herrenzimmer» oder dem Zimmer für besondere Anlässe, in dem die Sofakissen den berühmten mit der Handkante applizierten Knick in der Mitte aufwiesen, rangierte ganz oben, damals, 1968ff. Auch diese Rebellion erweist sich, im nachhinein betrachtet, als überaus funktional. Die Jugend verschmähte mit den handwerklich solide gearbeiteten, kaum transportfähigen Nachkriegsmodellen vor allem der Mobilität hinderlichen Ballast und setzte an ihre Stelle Stücke, an denen man nicht hängen mußte – etwa weil man sich für ihre Anschaffung jahrelang «krummgelegt» hätte. Die «Sperrmüllkultur» und die billigen Trödler brachten verdienstvollerweise Jahrhundertwende-Antiquitäten wieder in Umlauf, wie sie damals aus den bürgerlichen Neubauwohnzimmern und Speichern an den Straßenrand geräumt worden waren. Die schönsten Stücke schmückten manch riesigen WG-Salon mit Kachelofen und Stuckdecken in den damals zu Hauf zum Abriß vorgesehenen üppigen Gründerzeitvillen der Großstädte. Hinzu kamen besonders leichte, weil abgespeckte Möbelvarianten: die Matratze ohne Bettgestell, Apfelsinenkisten als Bücherregale («Jaffa-Kultur»), Türblatt und zwei Böcke als Schreibtisch und Korbsessel, wenn man dann doch mal glaubte, ein Sitzmöbel haben zu müssen. All dies war billig, unprätentiös, funktionierte schichtübergreifend und machte voll mobil.

Mit dieser Wohnkultur war Ikea antizipiert: Das schwedische Möbelhaus, das mit einer geschickten Werbekampagne von vornherein auf jugendrevolutionäre Gefühle setzte, warb nicht nur mit niedrigen Preisen, sondern vor allem mit Mobilität. Hier konnte man erstmals, wie heute üblich, die Möbelteile vom Einkaufsmarkt auf grüner Wiese (und mit ausreichendem Parkplatz) abholen, in der Ente (Dach geöffnet) in die städtische WG transportieren und dort auf «kinderleichte» Weise zusammensetzen. Spezialkenntnisse waren ebensowenig mehr erforderlich wie Spezialisten – dem Niedergang des Handwerks und des Einzelhandels konnte so noch Kulturrevolutionäres abgerungen werden.

Die Ikea-Fertigteile ersetzten nicht nur die handwerkliche Feinarbeit, wie es zur Do-it-yourself-Kultur der 60er Jahre paßte, sondern das Ikea-Prinzip legte den Verzicht auch auf einen anderen Spezialisten nah: den Mann – den Mann jedenfalls, soweit zu seinem Typus noch praktische Fertigkeiten und Muskelkraft gehörten. Es war nicht nur «kinderleicht», also auch für alleinstehende Frauen möglich, das Ikea-Möbel zu transportieren, es war noch einfacher, es selbst zusammenzusetzen. Diese neue Einfachheit entlastete den Haushalt von den in den 50er Jahren noch üblichen bürgerlichen Gepflogenheiten, die aufwendige Möbelstücke vorsahen, die einer aufwendigen Pflege bedurften und deshalb, eigentlich, auf Dienstpersonal verwiesen. (Wer weiß schon heute noch, was ein «Sideboard» ist und daß dieses Teil früher «Buffet» hieß?) Die Einebnung gesellschaftlicher Arbeitsteilung ersparte zudem dauernde häusliche Anwesenheit fordernde Koordinierungsarbeiten (etwa von Handwerkern, Lieferanten usw.).

So reiht sich auch der kulturrevolutionäre Gestus des Neuen Wohnstils nahtlos ein in den Prozeß nachholender Modernisierung, der jetzt auch die Frauen mehr und mehr ins feindliche Leben entließ. Da Deutschland bis in die 80er Jahre das Land Europas blieb, in dem sich weite Kreise die «Hausfrauenehe» überhaupt erst und noch leisten konnten, blieb das «Prinzip Ikea» virtuell, hatte also Angebotscharakter. Aber es verwies auf eine Lebensweise, in der weder Bedienstete noch andere Familienmitglieder, noch Nachbarn mehr gebraucht würden, um die notwendigen Arbeiten auch erledigen zu können.

Daß «Selbermachen» heutzutage einen positiven Wert bekommen hat, der ihm zu früheren Zeiten niemals beigemessen worden wäre[44] – insbesondere für bürgerliche Frauen markierte grobe Handarbeit den sozialen Abstieg –, nutzen mittlerweile insbesondere Dienstleistungsunternehmen wie Supermärkte und Banken schamlos aus. Die Installierung eines Kontoauszugsautomaten, bei dem man's endlich «selbermachen darf», annoncierte eine ländliche Bank etwa als «neuen Sonderservice» den Kunden gegenüber, und eine bekannte Handelskette wirbt für das Selbstauswiegen von Obst und Gemüse mit dem Spruch: «Niemand bedient Sie so gut wie Sie selbst!»

Die Selbstdefinition der rebellischen Jugend der späten 60er Jahre hat zum eigenen Wert erklärt, was lediglich Anpassung an vonstatten gehende Rationalisierungsprozesse war. Darin aber hatte sie eine unschlagbare Funktion: in der Selbstbefähigung, in einer komplexer werdenden Welt, allein auf sich gestellt, zu überleben. Die Demokratisierung 68 ff. war in dieser Hinsicht eine Demokratisierung von Spezialwissen, eine Massenverbreitung von zuvor nur wenigen zugänglichen Fertigkeiten. «Bildung für alle» und «Kultur für alle», die Parolen der 70er Jahre, fanden hier ihre Subjekte und Vorbilder.

Die Kinder der Mittelklasse

Die 68er als Vorreiter des hedonistischen Konsumtrips? Das widerspräche nicht nur einer weitverbreiteten Selbstdefinition, sondern auch anderen Evidenzen. Was sich im nachhinein als funktional beschreiben läßt, bezog zunächst seine aggressive politische Potenz aus drei schmerzhaften Trennungsprozessen: der Trennung von der eigenen gesellschaftlichen Klasse, der Trennung von den Eltern und der Trennung vom «großen Bruder», von Amerika. Die 1968 rebellierenden Mittelschichtskinder verabschiedeten sich mit aller Vehemenz von den «Illusionen» und den Aufstiegsversprechen der eigenen Klasse, wandten sich brüsk ab von den als Nazis oder Mitläufer verdächtigten Eltern und stellten das Freiheitsversprechen der westlichen Welt in Frage: wegen des fatalen Engagements der Amerikaner in Vietnam.

Ein so massiver Bruch zwischen den Generationen, wie er 1968 propagiert wurde und, wenn nicht in den persönlichen Beziehungen, so doch mindestens in Lebensweise und Berufsorientierung auch stattfand, wäre zuvor undenkbar gewesen. Was Barbara Ehrenreich[45] für die USA der damaligen Zeit analysiert, spielte, die Rezession 1966/67 gehörte ja zum Erfahrungsschatz der rebellierenden Generation, auch in der Bundesrepublik Deutschland eine Rolle: die Enttäuschung der Mittelschichtskinder darüber, daß die Eltern die gegebenen Verheißungen und Versprechungen nicht einhalten konnten.

Die Zugehörigkeit zu den ganz Reichen und zu den ganz Armen wird vererbt – nicht aber die Zugehörigkeit zur Mittelklasse: die muß hart erarbeitet werden. Gerade in der «nivellierten Mittelstandsgesellschaft» des Nachkriegsdeutschlands spielte das typische Mittelstandsversprechen eine große Rolle – daß Leistung sich lohne, daß jahrelanger Gratifikationsaufschub schließlich «wie von selbst» in einer beachtlichen Karriere münden müsse. Die geforderte Frustrationstoleranz aber war mittlerweile erheblich geworden. Das einzige, womit die Mittelklasse sich im 19. Jahrhundert einen festen Platz auf dem Arbeitsmarkt erobert hatte, das Kapital Fachwissen, hatte sie auch durch hohe und immer höhere Zugangshürden abgesichert – gegen andere, aber letztlich vor allem gegen die eigenen Kinder. Der Preis für die mühsam erarbeitete Zugehörigkeit: eine durch lange Studien- und Ausbildungszeiten unendlich verlängerte Adoleszenz und damit, noch bis in die 70er Jahre, Abhängigkeit.

«Wir werden vielleicht in die Mittelklasse hineingeboren», schildert Barbara Ehrenreich das Dilemma, «aber dann sollen wir fast dreißig Jahre damit verbringen, unsere rechtmäßige Zugehörigkeit zu dieser Klasse unter Beweis zu stellen.»[46] Das aber, so sah es in den späten 60er Jahren aus, würde sowieso nur noch wenigen gelingen. Die Jugendrevolte war nicht zufällig eine Studentenbewegung – an ihrem Ende stand ebensowenig zufällig die aus allen Nähten platzende nivellierte Massenuniversität, wie sie als wenig privilegiertes und von den meisten Beteiligten ziemlich pragmatisch absolviertes Unternehmen heute vor uns steht. Die so erfolgreiche und gesellschaftspolitisch so folgenreiche Niederringung des Bildungsprivilegs hatte zur Voraussetzung, daß dieses Privileg längst in Frage stand.

Der Kampf gegen den Muff unter den Talaren vor 25 Jahren verdankte sich nicht nur den berechtigten Zweifeln am Sinn eines schwerverständlichen akademischen Rituals und realitätsfernen Studiengängen, sondern vor allem dem Zweifel daran, daß sich die Mühe auszahlen würde. Der Aufstieg war nicht mehr garantiert, Karriere war nichts mehr, worauf man, als leistungsbereiter Angehöriger der Mittelschicht, einen Anspruch hatte. Die entsprechenden quälenden Initiationsrituale waren also ohne materiellen Hintergrund und erschienen deshalb als unendlich verzichtbar. Es half, der Aussicht, sich als arbeitsloser Akademiker durchs Leben schlagen zu müssen, die höheren Weihen einer radikal antibürgerlichen eigenen Entscheidung zu verleihen.

Wer heute die Exzesse des antiautoritären Gestus beklagt, sollte die Anmerkung nicht vergessen, daß die Abkehr vom alten autoritären Erziehungsstil der Eltern auch der wütenden Erkenntnis geschuldet war, daß Disziplin und Gratifikationsaufschub, die ganzen Selbstverkrüppelungen und -beschränkungen, die alten verstaubten Sekundärtugenden, sich einfach nicht mehr lohnten. Das gab ein großes Aufatmen – und wer die Erziehungsmethoden der Nachkriegseltern kennt oder erinnerlich hat, weiß, wie schlechthin alles als humane Alternative erscheinen mußte, das nicht den ärmelaufkrempelnden Vati im Repertoire hatte, der zur körperlichen Züchtigung des Nachwuchses schritt.

Doch auch die bis zum Exzeß getriebene antiautoritäre Erziehung hernach folgte einer Logik jenseits der von individueller Leidreduktion: der Logik jener «zweiten Individualisierung», wonach vom Einzelnen selbst entschieden und verantwortet werden muß, wofür es früher äußere oder innere Instanzen gab – von den Autoritäten Eltern, Lehrern und Ordnungshütern bis zu den Instanzen des Gewissens, die 1968 ebenso entwertet darniederlagen wie die Sekundärtugenden der alten Mittelklasse. Es war funktional, nach Anpassung nunmehr Selbstbestimmung und Selbstbehauptung zu lernen, denn viel, vielleicht zuviel, war plötzlich in den Bereich der individuellen Entscheidung übergegangen, was früher durch Herkommen und Autorität geregelt war.

Mit diesem Lernprogramm erwiesen sich meine und folgende Generationen in den 70er Jahren als durchaus erfolgreich – in den aufreibenden sozialen Experimenten der Alternativbewegung ebenso wie in den demokratieeinübenden Basislagern der Bürgerinitiativen. In den politisch oft höchst dubiosen Schmuddelecken der Republik wurden mühselig jene Qualitäten eingeübt, die eine moderne Gesellschaft so braucht. Wenn es einen Zusammenhang von 68 und Demokratie gibt, dann liegt er sicher hier: in einer «Demokratisierung» im Sinne von umfassender Selbstbefähigung, die indes, das ist richtig, mit dem politischen Konzept «Demokratie» nur im Sinne seiner Voraussetzung zu tun hat – und das ist der «mündige», also entscheidungsfähige Bürger.

Das Schweigen der Eltern

In Westdeutschland wurde der Bruch zwischen den Generationen befeuert von der Auseinandersetzung der Jungen mit der nationalsozialistischen Vergangenheit der Älteren und Eltern. Hier liegt eine der wichtigsten Quellen von Orientierungen, die noch heute nachwirken – und ein wichtiger Grund für das problematische Verhältnis zwischen privat und öffentlich, das im Betroffenheitskult des Vollzeit-Engagées steckt.

Viele von uns entsinnen sich noch des Grauens, das die erste Konfrontation mit Bildern von KZ-Opfern in ihnen auslöste. Das so beredte Schweigen der Älteren verwies jetzt auf einen gigantischen Schuldkomplex, der unseren Verdacht ins Unermeßliche steigen ließ. Welche Greueltaten verschwiegen uns unsere Eltern? Daß es in den bürgerlichen Haushalten der Republik zu einem klärenden Gespräch zwischen Alt und Jung damals selten kam, lag nicht nur an der panischen und autoritären Abwehr solcher Eltern, die keinen für uns akzeptablen «Widerstand» vorzuweisen hatten – denen wir im übrigen die tiefe Verunsicherung, die sich im schuldbewehrten Auftrumpfen manifestierte, erst recht nicht verzeihen konnten.

Es lag auch am unduldsamen Radikalismus einer Generation, die fortan von sich und anderen Haltungen verlangte, deren Pathos in einer Demokratie ein bißchen albern wirkt und die unter diktatorischen oder totalitären Bedingungen nicht allen Menschen gegeben sein dürften – Wachsamkeit und Widerstandsbereitschaft rund um die Uhr. Aus dieser radikalen Unbedingtheit speiste sich eine weitere Wurzel des Mißtrauens gegen die westdeutsche Nachkriegsdemokratie, die, durch die

Integration prominenter Nazis, keinen klaren Trennungsstrich zum Dritten Reich gezogen hatte und von vielen ihrer Partizipanten als alliiertes Oktroy hingenommen wurde, das keinerlei große Loyalität beanspruchen durfte. Diese «Normalbürger», hinter deren Fassade wir deutsche Dämonen wähnten, lebten in der von ihnen so verachteten Demokratie offenkundig ganz kommod – was einer idealistischen Jugend verdächtig war, der Gerechtigkeit wichtiger war als der Rechtsstaat (der übrigens damals auch nicht immer eine sonderlich gute Figur machte).

Die unduldsamen Idealisten der späten 60er Jahre waren im übrigen von einer deutschen Kollektivschuld fest überzeugt – weil sie sich nicht vorstellen konnten, daß Untaten dieser Dimension ohne Wissen und ohne wenigstens die stillschweigende Billigung der Bevölkerung hatten geschehen können. Daß man «von nichts gewußt» habe, ließen wir nur als Schutzbehauptung gelten, ebenso die Behauptung, es habe auch damals ein «Privatleben» gegeben.

An diesen Vorhalt erinnere ich mich noch gut, er wurde von den Älteren mit besonderer Emphase vorgetragen. Was war damit gemeint? Vielleicht war es der Hinweis darauf, daß es sogar damals einen nicht totalitär kontrollierten Raum gab. Wir aber glaubten, nicht immer zu Unrecht, darin eine Rechtfertigungsformel zu erkennen. Daß man anderes zu tun gehabt habe, als sich um das Schicksal des Reiches oder seiner Nachbarn zu kümmern, zum Beispiel einen während des Kriegs nicht unkomplizierten Alltag zu bewältigen, war in unseren Augen nichts anderes als eine nachträgliche Entlastung dafür, daß man schweigend das Verbrechen neben sich geduldet hatte und so mitschuldig geworden war. Diese, gleichsam schuldbeladene, Vorstellung von «Privatheit», der unsere Eltern frönten, die Abschottung gegen den Nächsten, den Nachbarn, wie wir sie insbesondere zur Weihnachtszeit in den 50er Jahren selbst erleben durften, war nicht unsere. Vielleicht vermittelte just diese Erfahrung ein frühes Gefühl dafür, daß diesem Land die Selbstverständlichkeit hergebrachter Bindungen aufs erschütterndste abhanden gekommen war. Gerade diese Variante von «Privatheit» empörte manch junges Herz und ließ historische Konnotationen von «Privatsphäre» als eine Errungenschaft der Bürger gegen die Zumutungen der äußeren Welt und vor allem gegen einen einmischungsbereiten Staat gar nicht mehr aufkommen. War nicht vielmehr der Rückzug ins Private ein aggressiver Akt, da er soviel Schreckliches ungerührt hatte geschehen lassen? Der Gedanke, daß das Privatisieren der «Ohne-Michels» der Nachkriegszeit auch aufgefaßt werden könnte als die Abkehr von der totalitären Politisierung der Bürger unter dem Nationalsozialismus, kam uns gar nicht erst. Die engagierte Jugend der 60er Jahre zog die Vorstellung des allseits politisierten Individuums vor, das sich, wenn «Faschismus» drohte, nicht ins Private zurückzog, sondern auf die Straße ging. Diese ubiquitäre «Widerstandsbereitschaft» entwertete sich indes schon dadurch, daß selbst die Fahrscheinkontrolle im öffentlichen Nahverkehr als tendenziell «faschistoid» denunziert wurde.

Hierarchische Entscheidungsstrukturen, Sekundärtugenden und die Trennung von Privatheit und Öffentlichkeit standen fortan unter Verdacht – insgesamt. In den Tugenden der Wiederaufbaugeneration – selbstverleugnende Pflicht, unbedingter Leistungswillen, ideologieferner, illusionsloser Pragmatismus – glaubten wir Jüngeren bloß jene «Sekundärtugenden» erkennen zu können, mit denen man auch ein KZ betreiben könne. Gegen die Behauptung, man habe damals wie heute seine «Pflicht» als «Rädchen in der Maschinerie» getan und «von alledem nichts gewußt» und sei schließlich als Beamter auf niederer Stufe in der Hierarchie für das Große Ganze nicht verantwortlich, setzten wir Nachgeborenen die Forderung nach dem allseits wissenden und engagierten Bürger, ohne *auch* nach der Überforderung des einzelnen zu fragen, die diese ubiquitäre Verantwortlichkeit bedeuten mußte. Die Auseinandersetzung mit dem Nationalsozialismus bestimmte die

Vorstellung vom engagierten Bürger, dem keine Freizeit vom Engagement mehr zugebilligt wurde. Daß der private Raum auch, ja unbedingt ein politischer sei – «das Private ist politisch» – wurde zur die Szenen der 70er Jahre bestimmenden Sentenz, deren terroristischer Gehalt überdeckt wurde von der noch viel größeren Angst: so wie die Eltern den Widerstand gegen die Katastrophe zu verpassen.

Am beruhigten Sicheinfügen in den sozialstaatlich gezähmten Konsumkapitalismus hinderte schließlich auch das Mißtrauen in eine weitere Sozialisationsinstanz der deutschen Nachkriegsgenerationen: in Amerika, mit dem man noch hemmungslos geschluchzt hatte, als John F. Kennedy, sein schöner junger Präsident, gemeuchelt worden war. Der die politischen Lebensäußerungen der 68er und Nach-68er-Generationen begleitende Antiamerikanismus speiste sich indes keineswegs nur aus dem Evidenten, nämlich aus den Fernsehbildern vom Vietnamkrieg, sondern nahm paradoxerweise und meistens gänzlich unbewußt Motive der Älteren wieder auf. Für viele ältere Deutsche hatte sich das demokratische Versprechen der Alliierten des Zweiten Weltkriegs längst relativiert durch den allzu souveränen Umgang mit dem Völkerrecht, den man insbesondere den Amerikanern nicht ganz zu Unrecht unterstellen konnte. Während die Debatte um die kriegsvölkerrechtliche Bewertung der Oder-Neiße-Grenze, der Vertreibungen, der Massenbombardierung deutscher Städte als revanchistisch tabuiert wurde, konnte sich der Zweifel an der westlichen Welt und der Bedeutung ihrer Werte ungefiltert in der Auseinandersetzung mit Kolonialismus und Imperialismus, mit dem Verhältnis der Ersten zur Dritten Welt artikulieren. Das Völker recht gegebenenfalls auch gegen seine eigenen Verteidiger zu verteidigen, war eine Variante, die den romantischen Sozialrevolutionären nicht zur Verfügung stand, die, wenn schon denn schon, die antikapitalistische Kritik an Demokratie und westlichen Werten vorzogen.

Abschied vom bürgerlichen Subjekt

Soviel Bruch war nie – die politischen 68er verabschiedeten sich aus Vergangenheit und Gegenwart des westlichen Teildeutschlands. Diese politisch begründete Heimatlosigkeit war und ist ein wichtiger Bestandteil der postnationalen Identität der Bundesrepublik, durchaus im Unterschied zur DDR, in der man sich im besseren Deutschland wähnte mit den besseren Traditionen: von Goethe und Schiller bis zur sozialdemokratischen und kommunistischen Arbeiterbewegung.

Welche Rolle spielten bei diesem Abschied auch aus dem demokratischen Deutschland der Gegenwart und der westlichen Welt die weltanschaulichen Elemente? Wenn wir Ulrich Beck darin folgen, daß jeder Individualisierungsschub einhergeht mit einer «neuen Art der sozialen Einbindung»[47], dann mag die Frage legitim sein, was es mit dem Marxismus-Leninismus der Sekten und ganz allgemein mit dem gesellschaftskritischen Gestus auf sich hatte beim Versuch der Neuordnung der Welt, bei dem Versuch, den Zumutungen der Moderne, den individualistischen Zersplitterungen ein ordnendes Prinzip entgegenzusetzen – die deutsche Nation oder «der Westen» oder die eigene abgesicherte Existenzweise als Angehöriger eines ungemein erfolgreichen wirtschaftlichen Modells fielen aus den genannten Gründen als Fokus der Selbstdefinition ja aus.

Denn daß sich die Antiautoritären Ende des Jahrzehnts scharenweise in marxistisch-leninistische oder maoistische Sekten verkrochen oder brav zum Hegel-Tee oder zur «Kapital»-Schulung antraten, Veranstaltungen, die nicht geringe Verstandskräfte erforderten und banden, erklärt sich wohl weniger aus der unabweisbaren Schlagkraft der Ideen Mao Tse-tungs oder der intellektuellen Faszination jener Kathedralen der Abstraktion, die Marx oder Hegel errichteten. Die allergrößte Begeisterung löste vielmehr, wenn ich mich recht entsinne, jede Analyse aus, die das eigene Schicksal in einen größeren Zusammenhang stellte, der nicht jener war, von dem man sich desillusioniert abgewandt hatte. Die banalste, «materialistische» Erklärung dafür liegt im «Klassenverrat» der Mittelschichtskinder. Sie distanzierten sich ja nicht nur – als betrogene Generation – von den Karriereversprechen der Älteren. Sie nahmen auch Abschied von der Illusion des bürgerlichen Subjekts, indem sie im eigenen Schicksal nicht persönliches Versagen oder Pech erblickten, so wie sich ihre Eltern individuelle Leistung zurechneten – sondern mit anderen geteiltes Klassenschicksal.

Die Analyse der gesellschaftlichen Verhältnisse und der eigenen Klassenposition – die selten schmeichelhaft ausfiel – verlieh den Mittelschichtskindern, die in der Generationenfolge ihren Platz nicht einnehmen konnten, eine neue Dignität und verschaffte ihnen die einzigartige Möglichkeit, schneidend zu begründen, warum auch nicht sonderlich attraktiv sei, was sich ihnen so offenkundig verwehrte. Natürlich verdankte sich der scharfe Bruch mit den Eltern auch der Frustration darüber, daß deren Rechnung nicht mehr aufging: Mit Leistung und noch mal Leistung könne ein begabter junger Mensch ausgleichen, was ihm an Herkunft und Vermögen fehle. Der junge bürgerliche bis kleinbürgerliche Marxist-Leninist schrieb sich einfach bei einer anderen Klasse ein – beim zum revolutionären Subjekt geadelten Proletariat. Das «Jugendirresein» (Katharina Rutschky) der damaligen Zeit bediente sich immerhin einer intellektuell recht anspruchsvollen Form.[48]

Die Suche nach neuen Vergesellschaftungen im Gefolge des Marxismus setzte eine wichtige Neuorientierung in Gang: die Vorstellung, in der eigenen Lage scheine etwas Allgemeines auf. Während die Mittelschichtskinder zuvor nicht nur das eigene Privileg, sondern auch das eigene Leid als individuelles und einzigartiges zu verdauen gehabt hatten, gelang dieser Generation die entlastende Selbstvergewisserung, daß sich im eigenen Elend nur der miserable Zustand der Gesellschaft spiegelte. Man nannte das «Politisierung» – ein Ereignis, das, wenn es einem widerfuhr, den Charakter einer Erleuchtung hatte. Weshalb es sich in den 70er Jahren, in den sozialen Experimenten der Alternativszene, aber insbesondere durch die Frauenbewegung, wiederholte. Bei allen ideologischen Verwüstungen, die die Politisierung und der «Terror des Zusammenhangs» anrichtete, war es doch zugleich immer wieder eine intellektuelle Lust, die Welt aufs neue und aufs neue aus einem Punkt zu erklären – natürlich, weil man sie aus ebendiesem auch glaubte therapieren zu können.

Die Linke hat die Frage, was die Welt zusammenhält, traditionellerweise mit dem Verweis auf gleiche soziale Lagen beantwortet. Marx und die Sozialdemokratie haben versucht, den alte Bindungen zerstörenden, das gesellschaftliche Gefüge zerreißenden Kapitalismus als geschichtliche Notwendigkeit zu bejahen, statt den «verdampfenden» ständischen Sicherheiten hinterherzutrauern, haben aber zugleich der noch unkonturierten Moderne eine neue «Vergesellschaftung» ablesen wollen: die neue Organisation der Gesellschaft über die Organisation der Arbeit, wie es Mitte des 19. Jahrhunderts oft heißt. Die «Neue Linke» und die Spontiszenen überboten sich in phantasievollen neuen Konstruktionen von Vergesellschaftung.

Die Suche nach Vergesellschaftung mit Hilfe eines revolutionären Subjekts, dem man sich entweder anschließen oder dessen Interessen man stellvertretend wahrnehmen konnte, überdauerte nach dem Scheitern der Studentenbewegung auch noch die ersten Versuche, dem Proletariat direkt, beispielsweise durch Betriebsarbeit, beizutreten. Die gegen Atomkraft demonstrierenden Bauern von Wyhl, beispielsweise, eröffneten diese Möglichkeit ebenso wie Frauen, die Dritte Welt oder andere Objekte von Fürsorge und Identifikation – Bedingung war allerdings, daß sich in ihrer Lage etwas Allgemeines ausdrückte, daß sie sich zum revolutionären Projekt oder zum Gattungsanliegen zusammenfassen ließen.

Kommunistische Bündnisstrategie hat es immer schon darauf angelegt, den Kampf um Einzelinteressen mit dem allgemeinen revolutionären Ziel zu verbinden und damit auch

Bevölkerungsteile einzubinden, die *prima facie* nicht zum revolutionären Subjekt gehörten. Ähnliche Absicherungen gegen den Verdacht, bloße «Interessenspolitik» zu betreiben, verstand der linke Flügel der Grünen der Partei noch lange aufzuzwingen. Denkwürdig war diesbezüglich der Hannoveraner Parteitag im Jahre 1986, als eine Resolution den nach Tschernobyl atomkraftunwilligen Bürgern klarmachte, daß, wer gegen die Atomkraft sei, auch aus der NATO aussteigen und den Bundesgrenzschutz auflösen müsse – wg. gesellschaftlicher Umwälzung und so.

Daß die eigene Sache Gattungsanliegen, Menschheitsfragen verkörpere, ist aus keiner der mannigfaltigen «neuen sozialen Bewegungen» 1968ff. wegzudenken. Von der Knastarbeit zur Behindertenarbeit – alles stand im Zwangszusammenhang des Großen Ganzen. Diese Überhöhung, dieser Verzicht auf jegliche pragmatische Begründung machte die guten Szenemenschen alle so penetrant – und hat dem Lobbyismus in eigener und fremder Sache zugleich eine ungeheure Dynamik verliehen.

Im nachhinein hat es etwas Rührendes, das Laboratorium für soziale Experimente, das sich in den städtischen WG-Szenen, Projekten und selbstverwalteten Betrieben seit den späten 70ern ausbreitete. Die Suche nach dem neuen Menschen überprüfte den alten Adam bis auf seine Bett- und Eßgewohnheiten; der von der Frauenbewegung verordnete Schmusekurs mit Penetrationsverbot verband sich nicht nur mit der Müsli- und Meditationsszene, sondern auch mit den politischeren Formen neuer Selbstdefinition. Das leidenschaftliche Plädoyer für kontrollierte Hierarchien, das manch Alt-68er heute abgibt, ist vielleicht nur zu erklären aus den Erfahrungen tage- und nächtelangen Ausdiskutierens im alternativen «Projekt» – und durch das wiederholte Erlebnis, daß es trotz des Beharrens auf Gleichheit und Gleichrangigkeit insbesondere bei den Vertretern technischer Fertigkeiten anhaltend und gleichbleibend jede Menge Trittbrettfahrer gab, die zwar die materielle und ideelle Aufwertung ihrer Tätigkeiten gerne mitnahmen, an dem Mehr an Verantwortung aber nicht nur desinteressiert waren, sondern auch jene lustvoll kujonierten und regelmäßig aufs Mittelmaß zurechtstutzten, die in diesem Bereich ihre Qualitäten entwickelten. Das revolutionäre Regiment des Mittelmaßes bedingte später auch den ungeheuren Menschen- und Ressourcenverschleiß bei den Grünen, die ihre Promis regelmäßig dem Gleichheitsbegehren des Durchschnitts zum Fraß vorwarfen. Seither ist bekannt, daß sich Partialinteressen, aber auch eigene Borniertheiten, am besten verkaufen lassen, wenn sie sich einer höheren Moral oder unterdrückter Minderheiten versichern. Auch das ist ein Lernprozeß.

Insgesamt aber haben sich aus «Gegenkultur», «Alternativbetrieb» und «Projektkultur» nicht nur einige erstaunliche Neuerungen erhalten, die heute schon zur Tradition geworden sind – zum Beispiel die taz, aber auch viele Kneipen und Buchhandlungen in den Städten –, sie waren auch eine Art Talentschuppen und Ideenlieferant und haben nicht zuletzt in erheblichem Umfang die Themen besetzt, die die Bundesrepublik in den 80er Jahren bewegten – von der Ökologie bis zur Frauenbewegung, aber auch hin zu Themen, die man in den 70er Jahren noch als «unterdrückte Nachrichten» der bürgerlichen Presse meinte hinterherliefern zu müssen. Die Nach-68er-Szene hat sich selbst die Jobs und Zugangsmöglichkeiten in «die Gesellschaft» geschaffen – am Beispiel der Grünen kann man sehen, wie erfolgreich solche Karrieren, die am Rand der Gesellschaft begonnen haben, mittlerweile verlaufen sind. Wer in der «Szenekultur» der 70er und 80er Jahre gelernt hat, ist im Zweifelsfall mit allen Wassern gewaschen und durch nichts mehr zu erschüttern.

Ob es diesen Szenen gelungen ist, die von ihnen als krisenhaft veranschlagte Beziehungsstruktur von Ehe und Kleinfamilie zu ersetzen, ist indes zu bezweifeln. Wohngemeinschaften in den Städten sind heute pragmatische Veranstaltungen, die ebenso pragmatisch wieder verlassen werden; ums Putzen und Abwaschen und Kochen dürften heute keine weltanschaulichen

Kämpfe mehr toben, was ja schließlich auch ein Fortschritt ist. Als Alternative zur alten Zweierkiste aber werden sie nicht mehr gehandelt. Immerhin haben die Erfahrungen solcher damals neuen Formen der Gesellungen aus dem allzu engen Beziehungsgeflecht der Kernfamilie hinausgeführt und den einstmals abgeschirmten Privatbereich erweitern geholfen.

Die Debatten der 70er und 80er Jahre, in denen sich die Suche nach einer neuen Vergesellschaftung ausdrückte, hatten, trotz ihrer gewalttätigen Kollektivbildungen, immer wieder Selbstbefähigungen mit Solidarität verbinden wollen. Herausgekommen ist ein Zwitter: das entscheidungsstarke Individuum, das seine eigenen Interessen vertreten kann, und das seinen Wunsch nach Eingebundenheit im Modus des Betroffenheitskults erledigt. Eine gute Ausbildung in der 1968 ff. geübten Abteilung des jeweiligen Phänomens aus dem großen Ganzen, zwecks Herstellung eines gesellschaftlichen Zusammenhangs, kommt erfolgreichem Lobbyismus entgegen und hält den Bürger – uns! – in jener ständigen Alarmbereitschaft, die eine Welt atomisierter Individuen – vielleicht – sogar braucht.

Brent Spar etc. pp.

Lob des Opfers

Am folgenreichsten wirkten die Szenen und Subkulturen im Gefolge von 68 in die Gesellschaft hinein, die das Arrangement der Geschlechter und die Dominanz der Heterosexualität betrafen. Der feministische Diskurs trat mit manchen Kollektivbildungen am totalitärsten auf, hat zugleich aber die Phantasie über eine neue Vielfalt von Lebensweisen am meisten beflügelt. «Das Private ist politisch» hat sich in den heftigen Streitereien innerhalb der Frauenbewegung denn auch als gefährlichster, als vielschichtigster Satz erwiesen.

Zunächst besagt dieser Satz das Offensichtliche: Ehe, Familie und damit ein Vertrag zwischen den Geschlechtern bilden nicht nur dem christlich-konservativen Wunschbild zufolge, sondern tatsächlich die Keimzelle der Gesellschaft. Hier findet die Reproduktion des Arbeiters statt, wie es Karl Marx am Beispiel des Stücklohns entwickelte: Hier widmet sich die Hausfrau der Wiederherstellung der Arbeitskraft des Hausherrn und der Herstellung eines Ersatzes für ihn in Gestalt des Nachwuchses. Was die bürgerliche Ideologie als die rein private Sphäre der großen Gefühle verklärt, ist ein ökonomischer Faktor erster Güte. Die nicht über den Erwerbsmarkt organisierte, die unentgeltliche Arbeit der Frauen hat seit dem 19. Jahrhundert die Trennung von Wohnung bzw. Haus und Arbeitsplatz ermöglicht, eine Arbeitsteilung, die die Kräfte der Industrialisierung erst richtig beflügelte.

Das private Arrangement zwischen Mann und Frau in der heterosexuellen Ehe, schloß daraus nicht nur der feministische Diskurs messerscharf, reproduziert also zugleich das System, den Kapitalismus. Es stellt aber auch einen weiteren Unterdrückungszusammenhang an die Seite des Gegensatzes zwischen Kapitel und Arbeit: das Gleichheitsversprechen des Kapitalismus hat vor den Frauen haltgemacht, die, durch Berufsverbote und niedrige Löhne auf die Hausfrauenexistenz verwiesen, sexuell und ökonomisch von ihren Männern ausgebeutet werden. Was Frauen als leidvolles Schicksal oder gar individuelles Versagen erfuhren und mit sich selbst auszumachen gewohnt waren, konnte nun erklärt und einer schwesterlichen Solidarität zugeführt werden: Frauen sind kollektiv vom Patriarchat unterdrückt. Diese Erkenntnis war so atemberaubend, daß die Debatte über die Kosten einer nachgeholten Modernisierung des Privatlebens damals unter den Tisch fiel – zumal die radikale feministische Kritik ja keineswegs den Kapitalismus in die bürgerliche Kleinfamilie einführen wollte, sondern davon ausging, daß mit dem Fall des Patriarchats gänzlich neue Vergesellschaftungs- und Arbeitsweisen auf den Plan treten müßten.

Die Frauenbewegung war die erste Gegenbewegung innerhalb der «Neuen Linken», die dem dogmatischen Verständnis vom kapitalistischen Unterdrückungszusammenhang einen wichtigen «Nebenschauplatz» hinzufügte und die Kategorie vom Opfer der Verhältnisse auffächerte – jetzt begann das unterdrückte revolutionäre Subjekt in unterschiedliche unterdrückte Minderheiten zu zerfallen, deren Interessen sich nicht unbedingt mehr in einem einzigen Punkt zusammenfassen ließen. Daß sich in der Privatsphäre die Macht der Verhältnisse unmittelbar ausdrückte, daß das Allerintimste, die Sexualität, das Allergesellschaftlichste sei – das wurde zu einem entscheidenden Motiv der Lebensstildiskussionen der 70er Jahre und manifestierte sich im nicht enden wollenden Beziehungsgespräch: Die Macht der Verhältnisse sollte im höchstpersönlichen Liebesleben gebrochen werden. Wer lesbisch lebte und liebte, konnte sich glücklich schätzen, ein Problem weniger zu haben: am individuellen Mann die nötige Erziehungsarbeit zur Revolutionierung der Gesellschaft leisten zu müssen.

An den Exzessen dieser Debatten sich heute noch zu weiden, ist müßig. Daß sich Frauenleben nicht unter Kollektivdiktate zwingen läßt, hat sich herumgesprochen. Die autoritären Verallgemeinerungen im Gewand moralischer Unanfechtbarkeit – wer will es sich schon mit der Menschheit oder gar allen Frauen verderben? – tragen der noch gelebten Vielfalt keine Rechnung. Gerade die Auseinandersetzungen über das neue, das richtige Modell des Frauenlebens jedoch hat offenbar zur Selbstbefähigung von Frauen geführt, die Anzahl der gelebten Muster eher zu vermehren und zugleich die Anstrengung, die sie das kostet, als Zugewinn, nämlich als gelungene Emanzipation, auslegen zu können.

Der Feminismus, sofern er Kampf um Gleichheit hieß und sich politisch als Kampf um die Quote durchsetzte, hat die gesellschaftlich so bedeutende, aber privat organisierte, also völlig in der individuellen Verantwortung der Frauen liegende Arbeit der Kinderaufzucht überwiegend unberührt gelassen. Er hat ihnen aber dafür eine neue Rollendefinition erlaubt:

Frauen können ihre gewachsene, ihre zusätzliche Belastung sich heute wenigstens als Emanzipation anrechnen oder, im Falle der Überforderung, das Patriarchat zum Schuldigen erklären, was als Selbstentlastung nicht als gering zu veranschlagen ist. Die «Quote» hat den beruflichen Spielraum von Frauen nur geringfügig erweitert, weit wirksamer waren womöglich die Neudefinitionen weiblicher Verantwortlichkeiten, insofern sie zu einer Fülle neuer sozialer Berufe geführt haben. Die Frauenbewegung hat, wie so viele andere Projekte der 70er Jahre, den sozialen und moralischen Markt weit auszudehnen geholfen. Auf diesem Sektor wird das feministische Prärogativ übrigens auch von Männern akzeptiert, hier stört es ja auch nicht den Geschäftsgang.

Mal abgesehen von der mittlerweile weitverbreiteten «Frauenbeauftragten», verdankt der sozialtherapeutische Sektor seine enormen Zuwächse auch den vielfältigen Entdeckungen von weiblichen «Defiziten», die besondere Zuwendung provozieren, und dem Opferkult, der mittlerweile groteske Ausmaße angenommen hat. Alle naselang wird heute eine weitere Kategorie von Verbrechen entdeckt und mit großem Medienaufwand geoutet, deren Opfer bevorzugt Frauen seien – von Gewalt und Diskriminierung aller Arten bis hin zu Vergewaltigung und Inzest. Die Vorstellung, daß Gewalt tatsächlich nur eine Minderheit von Frauen betrifft (also *nicht* «alle» angeht), ist mittlerweile bei der weiblichen Bevölkerung der Städte verschwunden, bei der, wie Untersuchungen zeigen, das Gefühl, bedroht zu werden, bei weitem die faktische Bedrohung übersteigt. Katharina Rutschky hat jüngst festgestellt, daß sich die Vorstellung, als Mädchen sexuell mißbraucht worden zu sein, mittlerweile einem Massenwahn annähert. Die kursierenden Dunkelziffern erlauben nämlich nur den realitätsfernen Schluß, daß dieses Schicksal mindestens jeder zweiten Frau widerfahren ist – warum nicht gleich jeder, wie Rutschky ironisch fragt?[49]

Was für einige Frauen tatsächlich ein belastendes Schicksal

ist und als propagierter «Trend» den sozialtherapeutischen Berufen so entgegenkommt, hat für die Vielzahl von Frauen keine Realität, aber für viele womöglich eine reale Funktion. Der Status des Opfers macht unanfechtbar und entlastet. Denn gerade am modernen Frauenleben wird vielleicht am deutlichsten, welche Zumutungen die Erweiterung gesellschaftlicher und individueller Spielräume bereithält, welche Anforderungen an den Einzelnen Individualisierung und Modernisierung bedeuten. Das gilt paradoxerweise gerade für die Geburtenregelung, ein Bereich, über den selbst entscheiden zu können für Frauen besonders wichtig ist. Was ist aber, wenn sie fundamentale Entscheidungen treffen *müssen*? Die moderne Reproduktionsmedizin etwa verstärkt die Allzuständigkeit der Frauen, die die psychologische Debatte um die Mutterrolle in den letzten Jahrzehnten festgeklopft hat, ins Unermeßliche. Schon vor der Geburt ist sie fürs Kindeswohl zuständig und rechenschaftspflichtig, muß sie, «dem Kindeswohl zuliebe», elementare Entscheidungen treffen, im Extremfall auch die, ein womöglich krankes oder mißgebildetes Kind abzutreiben. Ein Diskurs, in dem sich Frauen als überlastete Opfer fühlen können, entbindet sie von der furchterregenden Vorstellung, in einem ganz elementaren Sinn zuständig, Täterinnen zu sein.[50] Einbindung und Vereinnahmung in Kollektivbildern hat immer zugleich Schutzfunktion – vor den wachsenden Anforderungen der Moderne.

Die «Therapiegesellschaft» entwickelt allerdings zugleich schon gar keinen Begriff eines Subjekts mehr, dem verantwortliches Handeln abverlangt werden könnte. Wer Opfer der Verhältnisse, des Patriarchats, des Kapitalismus, der frühkindlichen Erziehung ist, der erwartet bei der Gerichtsverhandlung den Freispruch. Eine manchmal gewalttätige Enteignung hat sich da durchgesetzt, von Psychoboom und Feminismus verstärkt: Was immer wir tun, wer immer wir sind – eigentlich ist das Subjekt die Gesellschaft, die Erziehung, das System, die anderen. In den Orgasmusschwierigkeiten gleichsam das Versagen der Gesellschaft zu erkennen und in diesem Sinn das Private für politisch zu erklären, ist seither ein folgenreicher Gemeinplatz einer politischen Kultur geworden, der die Vorstellung persönlicher Verantwortung abhanden gekommen ist.

Die paradoxe Produktivität der aus den Szenemilieus der 70er Jahre herausgewachsenen Projekte und Projektionen lag womöglich in der Selbstbefähigung der einzelnen, mehr und mehr ohne Vorbilder, Herkommen und normative Einbindungen entscheiden zu lernen und sich zugleich wieder einzubinden – in neue Gemeinschaften der Opfer und Betroffenen. Die Betroffenen-, die Selbsthilfegruppe ist eine soziale Einheit unter professioneller Anleitung geworden, die, wer weiß, in naher Zukunft die längst zerstobene Nachbarschaft und die brüchig gewordene Familie ersetzen wird. Und noch etwas Gutes läßt sich den Generationen im Dunstkreis von 1968 nachsagen: Sie haben den «moralischen Markt» in Deutschland, auch auf dem Sektor der Meinungsbildung, kräftig erweitert und damit sich selbst Ersatz geschaffen für die in den 60er und 70er Jahren der Mittelschicht verlorengegangenen traditionellen Jobchancen.

Nur: Politik und Staat ist damit nur bedingt zu machen.

Die allseits betroffene Persönlichkeit

Der Minderheitenkult mit seinem Werterelativismus, seiner Ablehnung jeglicher Dominanzverhältnisse und seinem Betroffenheitsgestus wird in den USA unter dem Begriff der «political correctness» heftig debattiert. Tatsächlich relativiert ja die Hervorhebung kultureller, ethnischer und sexueller Differenz die Bedeutung der westlichen Universalien von Gleichheit und Freiheit – die überdies, als Hervorbringung toter weißer Männer, als Teil einer dominanten Kultur entlarvt sind. Der Werterelativismus des deutschen Betroffenheitskultes baut darüber hinaus auf dem spezifisch deutschen Selbsthaß, dem offenbar nur zu entrinnen ist, wenn man sich als Teil einer diskriminierten Minderheit wieder beheimatet fühlen darf.

Zugleich aber ist das Herstellen von «Betroffenheit» zum unhinterfragten Medium der moralischen Formierung der ganzen Gesellschaft geworden. Der Bürger, so glaubt man in der Wachstumsbranche der professionellen Aufrüttler, ist zum Gemeinsinn nur noch zu bewegen, wenn er in der je spezifischen Lage die allgemeine, das heißt: die *seine* wiedererkennt. In allen großen gesellschaftlichen Debatten der Selbstvergewisserung über den Konsens des Zusammenlebens, wird die Masche der identifikatorischen Solidarität gestrickt – schon, natürlich, zu Zeiten der «Ohne-Michels», als die Vorstellung von der prototypischen deutschen Familie herumgeisterte, wie sie sich bei heruntergelassenen Rolläden um den Weihnachtsbaum oder den Fernseher verkriecht, Gemütlichkeit zelebrierend, und gehe auch draußen die Welt unter.

Daß «Aids alle angeht» beispielsweise war in der erhitzten Aidsdebatte des Jahres 1987 zunächst der Versuch gewesen, einer Ausgrenzung, einer Stigmatisierung einer der drei vorrangig gefährdeten Gruppen, der Homosexuellen, entgegenzuwirken. Tatsächlich bewirkte der Aufruf zu identifikatorischer Solidarität jedoch eine durch und durch egoistische heterosexuelle Panik – und eine regelrechte Konkurrenz um den Status, das «eigentliche» Opfer zu sein. Feministinnen wollten sich den Opferbonus nicht nehmen lassen und enthüllten, während Schwule, Bluter und Fixer bereits an den Folgen der HIV-Infektion starben, die Frauen als die «eigentlichen» Opfer. Heterosexuelle Künder der sexuellen Befreiung fühlten sich vom System zu guter Letzt doch noch für die sexuelle Revolution bestraft.[51] Opfer zu sein, wirkt offenbar immens identitäts- und gemeinschaftsbildend, was schon die Friedensbewegung Anfang der 80er Jahre zu nutzen wußte, die sich an der Vorstellung des Kollektivatomtods berauschte. Auch die Parole «Heute die, morgen Du!», womit des Bürgers Bereitschaft eingefordert wird, Ausländerhaß zu wehren, ist von ähnlich verlogener Qualität – denn davon, von gleicher Betroffenheit, kann genau nicht die Rede sein, was ebenso für die Parole gilt: «Ich bin ein Ausländer.»

Ist diese Masche der identifikatorischen Solidarität lediglich der legitime und dringend nötige Versuch, der scheinbar in lauter Einzelwesen auseinanderspritzenden Gesellschaft ein neues moralisches Rückgrat, eine neue Gemeinsamkeit einzuziehen: die Gemeinschaft der Betroffenen und der vielen anderen, die sich damit identifizieren könnten? Vielleicht, aber dieser Versuch ist gefährlich. Der Verdacht liegt nahe, daß die seit den 80er Jahren von den Medien (und in der Werbung) immens verstärkte Strategie der Verallgemeinerung von Problemlagen im Sinne von «Das geht alle an!» in die Falle des «Immanenzprinzips» führt, das Richard Sennett so beschreibt: «Wenn die Anschauungen vom Immanenzprinzip beherrscht sind, brechen die Unterscheidungen zwischen Wahrnehmendem und Wahrgenommenem, zwischen Innen und Außen, zwischen Subjekt und Objekt zusammen. Wenn alles potentiell wichtig ist, wie soll ich dann eine Grenze ziehen zwischen dem, was meine persönlichen Bedürfnisse berührt, und dem, was unpersönlich, ohne Beziehung zu meinem unmittelbaren Erleben ist?»[52]

Die identifikatorische Moral trägt zum Gefühl der Überlastung des Bürgers bei, der seine Seele mit allem Elend der Welt beladen wähnt. Sie führt zur Entwertung jeglicher individueller und pragmatischer Geste – von der Spende bis zum Mäzenatentum –, wie sie die Gesellschaft Nordamerikas auszeichnet, weil ja nichts, im Sinne des Lösungsversprechens, umfassend genug sein kann. Die identifikatorische Moral denunziert die soziale Distanz, die im Argument liegt, es müsse im *Interesse* des durchaus unbetroffenen Einzelnen liegen, gerade das fernste Anliegen mitzutragen, weil es für die fragile Veranstaltung namens Gesellschaft von Bedeutung sein könnte, denn sie appelliert ans Gefühl, nicht ans Kalkül. Das aber könnte sich als wichtiger erweisen denn die Erzeugung eines schönen Gemeinschaftsgefühls, denn: «Im Streben nach einer gemeinsamen Identität wird die Verfolgung gemeinsamer Interessen unmöglich.»[53]

Der Betroffenheitskult, die Aufforderung zu Engagement und Identifikation ist heute zum üblichen moralischen Vademekum geworden. Das indes trägt nichts mehr zur Beantwortung der Frage bei, wie sich politische Notwendigkeiten bewältigen lassen, die nicht aus «Identifikation» und Nähe hervorgehen. Das Private ist nicht schon gleich politisch. Das Politische geht im Lebensweltlichen nicht auf. Die Tyrannei der Intimität macht handlungsunfähig.

III

Das deutsche Dilemma

Im Dorfgemeinschaftshaus

Und so sind und bleiben wir das Land, in dem die Sentimentalitäten blühen: Politiker haben Gefühle, und Bürger sind betroffen. Vom Verschwinden der Politik war die Rede – aber genau betrachtet sind uns auch ganz andere Kategorien des politischen Lebens abhanden gekommen, damals, in der Nische abseits der Weltpolitik und des Weltgeschehens, im postnationalistischen Dorfgemeinschaftshaus.

Schön war die Zeit, als wir das alles nicht brauchten: weder Politik noch Staat, noch Staatsmännisches; als wir uns ganz zivil auf dem Straßenfest der örtlichen Bürgerinitiative an selbstgebrautem Apfelwein und der edlen Vorstellung berauschen mochten, wir könnten von der engeren und etwas weiteren Region gleich ins Traumland Europa überwechseln, ohne den lästigen Umweg über so etwas wie einen Nationalstaat nehmen zu müssen, gar noch einen deutschen. Den hatten wir als mündige Bürger in seiner Ausformung als Obrigkeitsstaat schließlich gerade gründlich überwunden. Er erschien auch angesichts der Risikogesellschaft als ganz und gar unzeitgemäß – angesichts der unentrinnbaren Verknüpfung der Menschen und Nationen im gemeinsamen Gattungsschicksal galten kleine politische Einheiten als überlebt. Heute stehen wir vor der unschönen Erkenntnis des Überdauerns nationaler Differenzen – und gegenüber dem neuen ethnischen Wahnsinn und den grassierenden Stammeskriegen erscheint die politische Nation schon wieder als das dann doch Zivilere. Vor allem aber ist die deutsche Einheit ein Problem, das weder im Lebensweltlichen noch in Europa aufgehoben ist. Daß die westdeutsche Öffentlichkeit sie als nationales Projekt im Sinne der Demokratie nicht betrachten zu können glaubt, befördert das Gelingen nicht gerade.

Hand aufs Herz, lieber postnationalistischer Leser: das muß man dem Mantel der Geschichte und den Ostdeutschen schon ein bißchen übelnehmen, daß sie uns so jäh aus der Illusion herausgerissen haben, wir könnten uns große Politik und Nationalfarben und das ganze Drum und Dran sparen und als engagierte Bürger das Notwendige schon selbst in die Hand nehmen! Was jetzt ansteht, bedarf irgendeiner Vermittlungsinstanz, irgendeiner Definition des Allgemeinen. In anderen Ländern definiert der Nationalstaat die Interessen und Grenzen der politischen und kulturellen Einheit, der der engagierte Bürger angehört. Hierzulande haben wir versucht, ohne auszukommen – und stellen fest, daß sich das Notwendige plötzlich nicht mehr aus Einsicht und Verhalten des einzelnen selbst ergibt. Was tun?

Die zivile Attitüde der Bundesrepublik der letzten Jahrzehnte verdankt sich, und das kann man ja auch positiv festhalten, dem weitgehenden Verzicht auf eine irgend geartete nationale Begründung von Politik und Alltag: der Bürger verhielt sich, sozusagen, unmittelbar zu Europa. Der aufgeklärte Mensch der BRD suchte besessen und verbissen Fluchtwege aus Deutschland: sei es in der Identifikation mit der engeren Heimat, mit der Region, sei es in einem Europa der Ferienländer, sei es in der Vergewisserung anderer, mit der brutalen deutschen Vergangenheit nicht identifizierter Traditionen wie der Arbeiter- und Frauenbewegung. Diese Illusion, eine Perspektive außerhalb Deutschlands zur Verfügung zu haben, wurde durch die neue deutsche Einheit nachhaltig zerstört – nicht nur, weil sie Probleme aufwarf, die im Lebensweltlichen nicht aufgehen. Der Untergang der DDR ließ auch die Möglichkeit der Distanzierung von Deutschland durch den Verweis auf die Systemalternative nicht mehr zu. Nun haben wir den Salat – und sind, ohne Außenperspektive, ohne den Standpunkt «außerhalb des Systems», verwiesen auf deutsche Gegenwart in ihrem Sosein und Dasein. Das ist weder im Repertoire unserer Politiker noch in dem des engagierten Bürgers enthalten gewesen.

Die nationale Abstinenz, der fehlende Blick für die zivilisierende Wirkung des Nationalstaats[54] ist uns plausibel als Reaktion auf den entfesselten Chauvinismus der Nazis. Doch das antinationalistische Syndrom hat ältere Wurzeln, die nicht unbedingt sympathischer sind, zum Beispiel im deutschen Partikularismus. Norbert Elias: «Die traditionelle deutsche Oberschicht war ihrem eigenen Zugehörigkeitsempfinden nach partikularistisch; ihre Treue gehörte dem Land in jedem Sinne des Wortes, nicht dem Reich. Auch die Loyalität Bismarcks galt zunächst in erster Linie dem König von Preußen. Es waren bürgerlich-städtische Gruppen, die die Vereinheitlichung Deutschlands auf ihre Fahne geschrieben hatten.»[55] Der deutsche Nationalstaat wurde im 19. Jahrhundert auch von der jungen deutschen Arbeiterbewegung als progressives Medium politischer Vergesellschaftung ersehnt – als demokratisches Projekt, bis zur Reichseinigung durch Bismarck «von oben». Daß der Nationalstaat als Garant demokratischer Rechte und bürgerlicher Freiheit im bundesrepublikanischen Bewußtsein keine Rolle spielte, verdankt sich der Tatsache, daß die Bismarcksche Reichseinigung ohne Demokratie vollzogen wurde und daß er mit der Weimarer Republik über eine nur schwache demokratische Tradition verfügt.

Die progressive Verbindung von Region und Europa, die partikularistische Loyalität insbesondere des aufgeklärten antinationalistischen Mittelstands, wie sie Anfang der 80er Jahre in der Bundesrepublik beliebt war und mit der deutschen Einheit in Form des Ressentiments wieder hochkam, ist weniger beruhigend, als die «Wehret dem Nationalismus!»-Rufer glauben machen wollen. Sie beruht auf den Unmittelbarkeitsphantasien des Gemeinschaftsdenkens und ist prototypisch für die den westlichen Universalien abgeneigte apolitische Innerlichkeit, wie sie deutsche Köpfe so lange beherrschte.[56]

Der jahrzehntelange Verzicht auf die politische Definition des Nationalen hat, wie sich heute zeigt, dialektische Konsequenzen gezeitigt: erstens bedeuten die Fluchtbewegungen aus Deutschland immer auch Flucht aus der Geschichte und der Verantwortung für sie. Zweitens hieß der Verzicht auf eine politische Begründung des Nationalen auch ein bequemes Arrangement mit der Zweistaatlichkeit und damit der DDR, also eines politisch einigermaßen dubiosen Systems. Vor allem aber, drittens, hat das unpolitische Verhältnis zum Nationalen die tieferen, sozusagen pränationalen deutschen Gefühlsschichten nicht nur unberührt gelassen, sondern nachgerade gefördert, die, was ihre demokratieabgewandte Seite betrifft, eher zu Bedenken Anlaß geben – eben jene protestantische Innerlichkeit und ein Gemeinschaftsdenken, das keine politischen Vermittlungsinstanzen zwischen dem Bürger und Gott und der Welt mehr begründet.

Die nationale Enthaltung, so will es die schlitzohrige Dialektik der Geschichte, hat uns um so neurotischer ans nationale Schicksal gekettet – an «die Hauptsache. Deutsch.»[57] So benennt Bodo Morshäuser das, was alle Dialoge in diesem Land bestimmt. Dieses Kapitel beschäftigt sich mit den verschiedensten Fluchtbewegungen aus diesem Dilemma und mit der Notwendigkeit, endlich dort anzukommen: in der deutschen demokratischen Republik.

Der Europäer aus der Pfalz

Gibt es einen deutschen Nationalcharakter, einen «nationalen Habitus» (Norbert Elias)? Der postnationale Mensch glaubt ihn dingfest gemacht zu haben: in jenen breitgesäßigen Deutschen, die, Bierseidel schwingend, bei jeder schlechten Gelegenheit in patriotische Gesänge ausbrechen und alle naselang irgendwo einmarschieren wollen. Daß die Deutschen immer die anderen sind, beteuern insbesondere die progressiven Vertreter der «neuen Mittelschicht», die im Wahn ewiger Jugendlichkeit noch nicht begriffen haben, daß längst sie die deutschen «Bürger» – und manchmal auch die Spießbürger – dieses Landes sind. Und sie unterscheiden sich wahrlich von der Karikatur des Stammtischdeutschen, die sie zur Abgrenzung pflegen. Ihr Habitus ist weltläufig, sie sind überzeugte Europäer, gründlich friedlich gesonnen, tolerant und von weitestem Horizont. Das deutscheste an ihnen ist wahrscheinlich, vor allem deutsch nicht sein zu wollen.

Doch dem Nationalschicksal ist nicht zu entrinnen. Nicht nur, weil die deutsche Geschichte bekanntlich Anlaß genug bietet, auch dem friedfertigen und gemütstiefen Menschen zu mißtrauen, den wir allmorgendlich im Spiegel sehen: es sind schon Bravere zu Bestien geworden. Sondern weil sich auch im umstandslos Guten Tiefdeutsches offenbart. Auch in den aufgeklärtesten Stellungnahmen der edlen Seelen der Nation, in Leitartikeln und Fernsehkommentaren, sind deutsche Spuren zu entdecken: z.B. im gefühlsstarken und gesinnungsechten Mahnen & Warnen. Daß das protestantische Pfarrhaus bis ins 19. Jahrhundert die Richtung angegeben habe, wie Helmuth Plessner behauptet[58], halte ich für ein Gerücht: das tut es bis heute. Der Affekt gegen die bierseidelschwingenden Deutschen (katholische Bayern?) beweist es.

Daß die Frage nach den Deutschen in ihrem Sosein und Dasein nur uns selbst in ewiger deutscher Selbstbezogenheit interessiere, ist nicht richtig. Neuerdings beschäftigen sich auch die europäischen Nachbarn in einer Flut von Publikationen wieder mit diesem nun politisch etwas gewichtigeren, geographisch etwas größeren und ökonomisch etwas schwächeren Land in der Mitte Europas, das unübersehbar an großer Verwirrung seiner Bevölkerung und seiner politischen Klasse leidet. Daß die alten deutschen Dämonen wieder reiten könnten, ein aggressiver «Nationalismus» wiedererstehen müsse nach der deutschen Einigung, daß Deutschland europäisches Geschick wieder diktieren wolle – das waren und sind die Befürchtungen mancher unserer Nachbarn, die den selbstkritischen Menschen auch bei uns als völlig plausibel erscheinen, die mit antinationalistischer Rhetorik tatsächliche und vermutete Vorbehalte ausräumen wollen. Wir Deutschen sind Kosmopoliten, mindestens aber: gute Europäer!

Tatsächlich gab es nach 1989 außer ein paar Tränchen weder einen «Nationalrausch» noch eine «deutsche Nationalbewegung»[59]. Auch von CDU-Politikern wurde die nationale Rhetorik nicht ernsthaft eingesetzt, sieht man einmal von der albernen Farce um die Umbettung des Alten Fritz ab. Man scheint dort geahnt zu haben, daß man sich damit bei der Mehrheit der Wähler (West) bestenfalls lächerlich machen würde. Statt dessen beeilte man sich, die europäische Perspektive hervorzuheben, in die das neue, etwas größere Deutschland so bald wie möglich münden müsse.

Karl Heinz Bohrer hat hinter dem kosmopolitischen Anstrich deutscher Politiker und ihrer Wähler nichts als Urlaubsgeläufigkeit entdeckt und das postnationale Milieu als in Wirklichkeit provinziell entlarvt – als «Europrovinzialismus», als «das Ausscheren aus dem spezifisch Politischen zugunsten einer undeutlich verwaschenen Sphäre zwischen Baguette und Mittelmeerbad».[60] Man habe sich nach 1968 in der alten Bunsesrepublik gegen eine nationale Identität entschieden und für eine Volksidentität des regionalistischen Typus optiert (dessen Wurzeln ins erste Viertel des 19. Jahrhunderts zurückreichen). Dieses Milieu sei «betont kommunikativ, aber evasiv, liebenswürdig, aber ängstlich, programmatisch-ideologisch, aber undeutlich unkonkret. Es fehlt, mit anderen Worten, an klarer Sprache und selbstverständlicher Gestik.»[61] Für dieses postnationalistische Milieu war die deutsche Einheit eine einzige große Kränkung, angerichtet vom blöden historischen Zufall und den begehrlichen Ossis mit ihrem «DM-Nationalismus» (Jürgen Habermas). «Die alte Bundesrepublik sollte als das politisch und sozial bewährte ‹Modell› einer nachdrücklichen

Vermeidung des Nationalstaates nicht vertauscht werden mit der Gefahr einer neuen nationalstaatlichen Zukunft.»[62]

Die aber ist, in Ermangelung anderer, den Problemen gewachsener Organisationsformen, nicht zu vermeiden. Nicht Neonationalismus war 1989ff. das Problem, sondern die völlige Abwesenheit einer selbstverständlichen Definition des politisch Notwendigen. Nicht neue deutsche Stärke ist heute zu befürchten, sondern ein erneutes Versinken des Landes in alte Schwäche und alte Unkalkulierbarkeit. Das Drama der deutschen Einheit scheint vielmehr, daß sie überhaupt kein Motiv mehr für sich geltend machen kann, zumal gerade die Westdeutschen mit den Blutsbanden des «Volkes» weniger anfangen können als mit ihrem türkischen Gemüsehändler. Für die völlig neuartigen Probleme der Wiedervereinigung, aber auch der Auflösung der sozialistischen DDR gab es weder ein von den meisten als verbindlich angesehenes politisches Kategoriengerüst, noch auch nur wenigstens eine treffende Sprache. Denn aus der Mottenkiste eines seichten Marxismus stammten etwa jene Argumente, die auf westdeutscher Seite nur Interessiertheit im schnödesten Sinn vermuten konnten: Die klassenkämpferischen Parolen von der «Kohlonisation» oder gar dem «Ausverkauf der DDR» unterstellten ein ökonomisches Eigeninteresse der Bundesregierung oder der Westdeutschen – das aber waren just die falschen Adressen. Die westdeutsche Bevölkerung entrichtet vielmehr ihr Scherflein für die deutsche Einheit bislang durchaus manierlich, und auch die Transferpolitik der Bundesregierung ist schwerlich profitabel. Kurzfristiges ökonomisches Interesse wäre da schon eher den Ostdeutschen zu unterstellen, denen 1990 manche linke Invektive um die Ohren flog, weil sie der spontanen Bereicherung bei Aldi und anderen Genußtempeln kapitalistischen Lebensstils zuliebe den weit entsagungsvolleren «Dritten Weg» zwischen Kapitalismus und Sozialismus geopfert hätten.

Gründe für die Wiedervereinigung hätten ausschließlich, wie Meinhard Miegel feinsinnig anmerkt, im «außerökonomischen» Bereich gelegen. Damit konnte nur eines gemeint sein: ein, wie auch immer, nationales Motiv, das sich auf Geschichte oder Kultur oder Sprache bezog – oder auch einfach nur aufs Grundgesetz. Dagegen aber sperrte sich insbesondere westdeutsches Empfinden, denn hier war man ja jahrzehntelang gewohnt gewesen, lediglich in ideologiefernen Kategorien von ökonomischen Interessen zu operieren. Nicht «nationalistisch» reagierte man auf das Ansinnen der Ostdeutschen nach einem «einig Vaterland», sondern verdruckst. Von Nationalrausch keine Spur – von einem aufgeklärten patriotischen Empfinden indes ebensowenig, das die Lücke hätte schließen können zwischen dem nicht mehr hinreichenden Motiv des ökonomischen Interesses und einem unglaubwürdigen nationalen Pathos. Im Einigungsspiel 1989 ff. fehlte die Karte der Demokratie.

Auch 1990 haben die Westdeutschen nicht «die werbende Fähigkeit» aufgebracht, ihren Staat, ihre Demokratie «exemplarisch aufzufassen, als Verkörperung einer Idee, die zugleich Revision und Bestätigung der alten Sprach- und Kultur-Nation wäre und an die politische Phantasie auch anderer Völker rührt...».[63] Die Westdeutschen, mit ihrem gespaltenen Verhältnis zu den eigenen «Errungenschaften», seien sie sozialer, seien sie politischer Art, haben vielmehr in nachgerade atemberaubendem Ausmaß versäumt, für das zu werben, was sie außer Geld und guten Worten noch zu bieten hatten: für die demokratischste Ordnung, die es in Deutschland je gegeben hat. Bei «Nation» dachten sie an Nationalismus, der Demokratie und ihren Institutionen wurde die bindende und beflügelnde Kraft für ein neues gesamtdeutsches Projekt nicht zugebilligt.[64]

Was Helge Pross für die 80er Jahre den Westdeutschen attestiert, scheint mit dem Betroffenheitskult noch heute prächtig kohabitieren zu können: «Niedrige Einstufung der demokratischen Institutionen auf den Wichtigkeitsskalen; wenig Stolz auf politische Einrichtungen; mäßige Bereitschaften, sich nach Maßgabe demokratischer Ideale sachkundig zu machen und rational zu engagieren, diese Befunde stützen die These, die repräsentative Demokratie sei auch heute für die Masse der Bürger kein Wert im strengen Sinn des Begriffs.»[65] Wir fügen hinzu: auch für viele aus der meinungsbildenden Klasse nicht. Das entspricht einer politischen Kultur, die «Demokratisierung» nicht auch positiv an die demokratischen *Institutionen* bindet, sondern den Betroffenheitskult der Staatsferne pflegt.

Auf die Frage des Allensbach-Instituts: «Ist unsere Gesellschaftsordnung, so wie sie jetzt ist, wert, verteidigt zu werden, oder haben Sie da Zweifel?», antworteten im August 1991 73% der Westdeutschen mit «Ja», im Februar 1993 72%. Immerhin. Die Vergleichszahlen für Ostdeutschland aber offenbaren Abgründe: sie lauten 51% (1991) zu 37% (1993). Im Februar 1993 äußerten 50% der Befragten aus Ostdeutschland Zweifel an der Verteidigungswürdigkeit der deutschen Gesellschaftsordnung[66] – und bei allem Verständnis für die völlig desolate ökonomische Lage in den ostdeutschen Ländern: das sollte auch die Westdeutschen darüber nachdenken lassen, wie stabil und fest verankert ist, womit sie jahrelang ganz gut gelebt haben.

Um es festzuhalten: Tatsächlich haben wir im Osten wie im Westen nach 1989 keineswegs eine Rückkehr zum «Nationalrausch» erlebt, sondern im Gegenteil – beide Teile Deutschlands leiden unter einem Verlust an Kohäsion. Eine hilflose politische Kultur reagiert darauf mit allgemeiner Moralisierung: der Bürger wird zur Ordnung gerufen, der Bürger ruft sich selbst zur Ordnung. Daraus läßt sich nichts ableiten und auch nichts schließen: noch nicht einmal auf die niedrige Moral der Bürger, höchstens auf ein hohes Niveau des Moralisierens. Diese Aufforderung zur Moral mit ihrem Idealbild des andauernd entrüsteten und ständig engagierten Bürgers entwertet das Politische. Das aber ist nicht neu: Im Konfliktfall verlassen sich die Deutschen nicht auf Institutionen, Regeln und Kontrollmechanismen, sondern fordern panisch das Unmögliche: den guten Menschen, «Politik in erster Person», Unmittelbarkeit.

Seit klar wurde, daß die deutsche Einheit sich nicht ohne außerordentliche Leistungen bewerkstelligen lassen würde, kujoniert sich die westdeutsche Öffentlichkeit daher mit der wenigstens negative Gemeinschaftlichkeit herausbildenden Aufforderung, vom eiskalten Egoismus zum entsagungsfreudigen Gemeinwohlgedanken überzugehen – «wir Egoisten» rufen zum Teilen auf. Kreise mit besonders ausgeprägtem Masochismus pflegen bei solcherlei Einkehr sich der Unterstützung der brandenburgischen Sozialministerin Regine Hildebrandt zu versichern, die es besonders gut versteht, den Westdeutschen ins Gewissen zu reden und zu neuem Klassenkampf zwischen Ost und West aufzurufen.

Die Aufforderung zu unmittelbarer Bürgerverbesserung, ohne dabei über Los oder andere vermittelnde Instanzen zu gehen, ist ebenfalls von vertrauter deutscher Tradition, trifft im übrigen beim saturierten Bürger mit dem notwendigerweise (angesichts der Lage der Welt) schlechten Gewissen auf hohe Bereitschaft und ist zugleich eine schöne Entschuldigung geworden für jene Angehörigen der politischen Klasse, die sich aus populistischen Erwägungen nicht trauen, diesem Bürger auch etwas zuzumuten – was sie aus seinen präsumtiven Charaktereigenschaften ableiten: Egoismus und «Wehleidigkeit».[67] Die Probe aufs Exempel aber wird vermieden – praktischer ist nämlich, man fordert den Bürger unmittelbar zu Einkehr auf, ganz ohne ihn mit den Imponderabilien politischer Umsetzung der guten Einsichten weiter zu behelligen.

Tatsächlich gibt es ein deutsches Dilemma: ein fehlendes deutsches Projekt, was man, mit Helmuth Plessner, als Mangel an einer «Staatsidee» beschreiben kann, oder, mit Norbert Elias, als Abhandensein eines gewissen Nationalstolzes, vorzugsweise der demokratischen Sorte.[68] Das deutsche Dilemma trägt keineswegs nur Glatze und Stiefel, sondern auch Seidenjacketts und Turnschuhe. Es liegt nicht in einem Zuviel an Nationalismus, sondern in einem Zuwenig an demokratischem Empfinden. Demokratisches Desinteresse sammelt sich nicht nur in rechtsradikalen Jugendhorden, sondern wird mit aufgeklärtem Gestus auch bei den guten Menschen gepflegt: Auf der Seite gerade der antistaatlichen, aufs Lebensweltliche orientierten progressiven Mittelschicht. Auf der Suche nach den Wurzeln politischer Orientierungen der Deutschen ist man unversehens wieder im Pfarrhaus und im 19. Jahrhundert gelandet: bei protestantischer Gesinnungsstärke und eklatanter Formschwäche. Zu dieser Innerlichkeit paßt der zelebrierte Selbstekel und die Inszenierung der deutschen Angst – vor uns selbst: Innerlichkeit sucht immer nach Charakterfehlern, nicht aber nach pragmatischen Modi der Konfliktbewältigung.

Der Betroffenheitskult verleiht lediglich alten Bewegungsformen des sozialen Radikalismus ein neues Gewand: dem Gemeinschaftsdenken und der Formenabstinenz.

Exkurs: Gesinnung und Form

Als im Sommer 1990 die DDR unterging, stritten sich die wenigen Literaten und «Intellektuellen» Westdeutschlands, die noch nicht in den Sommerurlaub gefahren waren, am Beispiel Christa Wolf über den politischen Auftrag der Literatur. Mit erstaunlichem Desinteresse für die zahllosen handfesten Konfliktlagen in der DDR im Gefolge der Währungsunion ließen sich die klugen Köpfe der Nation über «Gesinnungsästhetik» aus: über den Ersatz von Literatur durch moralische Instanzen, über die angestaubt anmutende Frage, ob die Form dem Inhalt folge oder umgekehrt und schließlich darüber, ob man sich, die deutsche Literatur, vor allem aber die der DDR betreffend, in den letzten Jahren nicht großen Illusionen hingegeben hätte.

Es wurde eine gespenstische Debatte, die doch so viel Wichtiges hätte thematisieren können: nicht nur, ob Dichter der DDR an der autoritären Formierung mitgewirkt haben, sondern vor allem auch, ob benevolente westdeutsche Kritiker nicht jahrelang ästhetische Kriterien bei der Bewertung von Literatur aus der DDR hintangestellt haben – weil sie zu sehr damit beschäftigt waren, in ihr Zeichen des Widerstands oder der systemfernen Beharrung zu suchen, oder aber, weil sie im literarischen Antifaschismus das bessere Deutschland mutmaßten. Denn auch die «kritische Öffentlichkeit» der Bundesrepublik hatte stets jenen «Inhaltismus» gepflegt, der Auftrag, Absicht, Haltungen und moralische Unanfechtbarkeit, die «Tatgesinnung» also, vor den Prozeß, die Ausführung, die Form, die Umgangsweisen stellt. Was sich an Christa Wolf abarbeitete, enthielt erkennbar die Aufforderung zur Selbstkritik.

Tatsächlich wäre es hoch an der Zeit gewesen, endlich mit dem seit 1968 wieder sehr fashionablen Irrtum aufzuräumen, alle künstlerischen Äußerungsformen seien verächtliches «l'art pour l'art», sofern sie nicht irgendwie die Gesellschaft verändern wollten – oder doch wenigstens versprachen, «radikal» und tabubrechend gewohnte Denkschemata zu durchbrechen, des Bürgers Gemütlichkeit zu stören oder, wie der neueste Schnack aus dem Reich der Betschwesterlichkeit heißt, «Mut» zu machen. Diese Gesinnungsästhetik, diese Kritik an der «bürgerlichen» Literatur und ihrem inhalts- und gesinnungsfernen Kunstbegehren hatte sich nicht erst unter Bernt Engelmanns Ägide im Verband deutscher Schriftsteller eine Heimat geschaffen. Der VS war auch zuvor schon ein Musterbeispiel kommunistischer Bündnispolitik, wo man es verstanden hatte, unter der Flagge des Humanen und der Friedensliebe die ehrlichen Gefolgsleute von DKP und SED oder SEW mit den Mitgliedern der sprichwörtlichen westdeutschen «gutwilligen Kreise» zusammenzuspannen.

Es ist nicht nur dem rüden Ton westdeutscher Feuilletonisten, sondern auch der ichbezogenen Empfindlichkeit der DDR-Schriftstellerin zu verdanken, daß die Diskussion bald in den Untiefen der Larmoyanz verdümpelte. Vor allem aber standen die westdeutschen gutwilligen Kreise Mahnwache vor allem, was sie als bewahrenswerte sozialistische Errungenschaft bzw. «DDR-Identität» veranschlagten. Das Argument, die Westdeutschen in ihrer Machtvollkommenheit und Anmaßung wollten den Ostdeutschen nicht nur das Häuschen wegnehmen, sondern jegliches ideelles Erbe streitig machen und auch sonst alles vermiesen, auf das man stolz sein könne, ließ jedes Gegenargument als brutale Überheblichkeit erscheinen. Daß die Kritik an Christa Wolf in den ja tatsächlich schier übermächtigen westdeutschen Medien nicht nur einer «Zensur» ähnelte, sondern einer «Hinrichtung» gleichkomme, brachte auch die westdeutschen «Scharfrichter» zum Verstummen, die doch mit einiger Triftigkeit auf den Unterschied zwischen Wort und Tat hätten hinweisen können. Doch auch in den empörungsbereiten Kreisen Westdeutschlands wird der Unterschied zwischen Gedanken und Ausführung als gering veranschlagt. Über den vitalen Unterschied zwischen beiden könnten nur die Opfer der wirklichen Scharfrichter erzählen. Wenn sie noch könnten.

Tatsächlich war die Christa-Wolf-Debatte eine urdeutsche Diskussion, in der es um Fragen aus der Tiefenschicht des deutschen Charakters ging: Sie hätte uns nicht nur über den Unterschied zwischen Gesinnung und Kunstwerk belehren können, sondern auch über das Wesen der Demokratie. Es ist ja gerade die gesinnungsferne Formorientiertheit der Demokratie, die Spielräume eröffnet. Es ist ja gerade der Unterschied zwischen Gedanke und Tat, der demokratische Gemeinwesen von erziehungsdiktatorischen Systemen unterscheidet, denen es nicht reicht, ihre Untertanen am bösen Tun zu hindern, sondern die auch ihre Gedanken schon zensieren wollen. Das Schöne an der Demokratie ist, daß sie dem Bürger erlaubt, im Rahmen der Regeln oder im Schutz der Privatsphäre nach Herzenslust fies zu sein: daß er ein guter Mensch sei, wird von ihm nicht erwartet. (Wenn er nur ein guter Schriftsteller wäre, wär's auch recht.)

Freiheit, das ist das demokratische Versprechen, ist nicht

von der persönlichen Moral des Einzelnen abhängig, sondern sie steht ihm in einem abgesicherten, kontrollierten Prozeß der Konfliktvermittlung zu, sofern er sich an die Regeln hält. Weshalb ihm auch im Fall des Falles nicht Gerechtigkeit zuteil wird, wohl aber der Rechtsstaat. Das ist, trotz allem, was man mit Bärbel Bohley an gesamtdeutscher Vergangenheitsbewältigung vermissen mag, ein gewaltiger zivilisatorischer Fortschritt in der Menschheitsgeschichte.

Der Betroffenheitskult hat, vom Menschenbild her, nicht wenige Entsprechungen zu einem Radikalismus, der Probleme nicht im Kompromiß, sondern von den Wurzeln her zu lösen beabsichtigt und, da an der Wurzel unweigerlich der Mensch steht, diesen zu bessern sich vornimmt. Vielleicht ist es der neuerlichen Lektüre von Helmuth Plessners «Grenzen der Gemeinschaft» aus dem Jahre 1924 zu verdanken, daß mir viele unserer heutigen Probleme und Debatten so wenig neu, sondern so sehr in deutscher Geschichte und in deutschem «Gemüt» verankert scheinen.

Helmut Plessners Schrift aus dem Jahre 1924 war eine damals, im Chaos der Weimarer Republik, völlig unzeitgemäße Attacke auf tiefe Sehnsüchte nach einem Ersatz für der Parteien Zank und Hader in einem neuen Konsens. Das Pamphlet ist schneidend arrogant und elegant formuliert und voller Anspielungen auf die angelsächsischen und welschen Tugenden der diplomatischen Verstellung und des politischen Spiels. Plessner attestiert Deutschland eine verhängnisvolle Verwechslung von «Gemeinschaftsmoral und Politik», nennt «Zivilisationsmüdigkeit» als «Hauptgrund für den Niedergang der politischen Haltung», bescheinigt den Deutschen einen Hang zum «Eigentlichen», zu «Wertrigorismus» und «Formenhaß», beklagt zuviel Gefühle und zuwenig «Benehmen»: «Unsere moralische Haltung leidet an einer Überbetonung der Gesinnung, des Gewissens und der innerlich erfaßbaren Werte.»[69]

Plessner schiebt es auf die lutherische Ausprägung des Protestantismus in Deutschland, daß hier die innere Haltung des einzelnen, die «Tatgesinnung», stets als das Entscheidende galt. Die Disziplinierung mußte ganzen Herzens erfolgen, dem Tun mußte die innere Einsicht entsprechen, keine Doppelmoral bot sich als bequeme Ausflucht. Die eigene untadelige Befindlichkeit ist in einem solchen Gemütskosmos naheliegenderweise bedeutsamer als alle widersprüchlichen Weisen der Vermittlung zur Welt. Dem protestantischen Ideal widerspricht die Vorstellung, daß der Mensch durchaus schändlich sein darf, solange die soziale Kontrolle funktioniert und die gesellschaftlichen Regelwerke ihn daran hindern, seinen niederen Trieben auch nachzugehen. Der gute Protestant akzeptiert deshalb keine Gewaltenteilung und trägt im Idealfall Angeklagten und Ankläger, Richter und Verteidiger in einer Brust. «Er selbst, der Mensch, soll Schauplatz des Kampfes und der Versöhnung der Gegensätze in Gott sein.»[70] Die äußere Welt ist abgewertet, ihr und ihren Formen gilt wenig Mühewaltung: Plessner analysiert in klassischer Form jenes Muster des hochgestimmten Idealisten, der «eigentlich» pazifistisch gesonnen ist, wenn es denn aber zum Konflikt kommt, keinerlei Veredelung der Kampfsitten – als «oberflächlich» und «verspielt» – mehr akzeptiert. Der sozialradikale Mensch verlangt sich Liebe zu gleich allen Menschen ab, statt resigniert und pragmatisch die Tatsache zu akzeptieren, daß wir uns Institutionen und Formen schaffen, um es miteinander halbwegs kommod aushalten zu können. Denn Öffentlichkeit beginnt da, wo die Liebe aufhört – wo uns die anderen weder verwandt noch sonstwie nah oder gar lieb und wert sind.

Plessner unterstellt dem Protestantismus deutscher Prägung gemeinschaftsbildenden Radikalismus: «Die Tendenz nach Zerstörung der Formen und Grenzen fördert aber das Streben nach Angleichung aller Unterschiede. Mit der gesinnungsmäßigen Preisgabe eines Rechts auf Distanz zwischen Menschen im Ideal gemeinschaftlichen Aufgehens in übergreifender organischer Bindung ist der Mensch selbst bedroht.»[71] Wo Formen der Distanz nicht mehr möglich sind, vergeht Geselligkeit, denn dem Aufgehen in warmer Gemeinschaft entspricht die panische Flucht vor zuviel Nähe. Selten hat jemand die «Tyrannei der Intimität» prägnanter formuliert.

An anderer Stelle leitet Helmuth Plessner den deutschen «Formenhaß» und den Selbstbezug auf deutsches «Wesen» und gemüthafte «Authentizität» aus dem Mangel einer «Staatsidee» ab: «Als Ersatz dafür und zugleich im Hinblick auf die Inkongruenz zwischen Reichsgrenzen und Volkstumsgrenzen übernahm der romantische Begriff des Volkes die Rolle einer politischen Idee.»[72] Das «Volksganze» und das «Gemeinwohl» haben in der politischen Folklore Deutschlands fast aller Provenienz stets eine größere Rolle gespielt, als die «Besonderung» und «Individualisierung», als der «Eigennutz» des Bürgers – weshalb die Anerkennung eines legitimen Eigeninteresses noch immer als Fortschritt verzeichnet werden sollte vor jeglicher vorschnellen Neuformierung unter der Rubrik «Gemeinwohl» und «Gattungsinteresse».[73] In Deutschland hat es Tradition, im Konfliktfall den nationalen Konsens dem Interessenkampf der Parteien vorzuziehen.[74]

Gemeinschaftsdenken, das Vergesellschaftungen aufgrund von homogenen Lagen oder überhaupt Homogenität der Staatsbürger dem fehlbaren Prozeß des Ausgleichs unterschiedlichster Interessen im Prozeß der demokratischen Repräsentation vorzieht, hat in Deutschland die unterschiedlichsten Wurzeln, beginnt nicht beim Diktum Kaiser Wilhelms, er kenne keine Klassen und Parteien mehr, sondern nur noch Deutsche, endet nicht bei der Volksgemeinschaft der Nationalsozialisten. In der neuerlichen Parteien- und Politikverdrossenheit äußert sich denn auch nicht nur nachvollziehbare Kritik, sondern ebenso ein älterer Affekt gegen Interessenkonflikte, wie ihn Helge Pross konstatiert.[75] Diesem Befund entspricht, wenn auch Politiker das Heil schon wieder im Volke selbst, an der «Basis», in plebiszitären Elementen der Beteiligung erblikken.

Die «bessere» Geschichte

Deutschland werde nun östlicher und protestantischer werden, fürchteten 1990 jene, die um die Westbindung der Bundesrepublik und die Orientierung an den Werten der westlichen Welt bangten. Das hat sich als richtig erwiesen, wenn man zum Protestantismus, mit Plessner, das «leidenschaftliche Ungenügen an einer bestehenden Ordnung» zählt, zum östlichen Erbe die Vorstellung, Demokratie müsse substantiell gefüllt, dürfe nicht nur «äußerlich» sein. Denn nicht nur der Protestantismus ist die Wurzel von Formschwäche und Gemeinschaftsdenken, sondern ebenso jene Geschichte, die in der DDR zur Staatshistorie gehörte und in der BRD vielfach zur «anderen» Geschichte gezählt wurde, zur «guten» Geschichte, die man der offiziellen deutschen Geschichte, die geprägt war von Kriegen und Massenvernichtungen, meinte entgegenhalten zu können: die Geschichte der deutschen Arbeiterbewegung, von Sozialdemokratie und Kommunismus.

Die deutsche Sozialdemokratie war seit ihrer Gründung durch die «Lassalleaner» (1863) und die «Eisenacher» (1869) bis zum Ersten Weltkrieg eine Partei, die sich mit Fug und Recht als «Fundamentalopposition» verstehen konnte, eine Partei, die sich zwar, in Ermangelung anderer politischer Betätigungsmöglichkeiten, von Anbeginn auf die parlamentarische Beteiligung eingelassen hatte, aber das «Parlamenteln» und «Kompromisseln» prinzipienstark ablehnte. Der Vorwurf, sie sei weit vor dem Sündenfall 1914 schon reformistischer «Versumpfung» anheimgefallen, den ihre linksradikalen Kritiker 68 ff. in Anlehnung an die kommunistische Kritik erhoben, verfehlte stets das wahre Drama: daß die Partei es versäumte, die schwache Weimarer Demokratie durch überzeugten Reformismus zu bejahen und, vielleicht, zu stärken.[76] Bis in die Weimarer Republik hinein machte sich die Partei den Parlamentarismus eher mißtrauisch zunutze und blieb einem Vergesellschaftungsideal verpflichtet, das radikalem Gemeinschaftsdenken entsprang.

Es gehörte sicherlich zum Geist der Zeit, wenn sich die Sozialdemokraten von Beginn an gegen den Vorwurf der «bürgerlichen Parteien» verwahrten, die «Partei der Arbeiter» verkörpere «Sonderinteressen», weil sie nur eine Klasse und nicht alle Bürger vertrete; «Interessiertheit» galt als schmutziger Begriff. Zugleich entsprach es aber auch dem historischen Sendungsbewußtsein vieler Sozialdemokraten, wenn Ferdinand Lassalle die Sache der Arbeiter zur «Sache der gesamten Menschheit» erklärte – also zum Gattungsanliegen. Lassalle gab damit den Vorwurf zurück: Ihm galt die Bourgeoisie als Stand der «Besonderung», denn aus konkurrierenden Einzelinteressen könne sich keine politische Einheit und Allgemeinheit entwickeln.

Auf ein einheitsstiftendes Element aber kam es an im Deutschland der Stämme Anfang der 60er Jahre des 19. Jahrhunderts: für Lassalle verdankten sich Kleinstaaterei und Kleinstädterei nicht der feudalistischen Vergangenheit, sondern dem bürgerlichen Besonderungstrieb. Dem setzte er ein neues, gemeinschaftsstiftendes «Prinzip» entgegen, das er in der Arbeit erblickte – in den neuen gemeinschaftsbildenden Potenzen der Arbeit, wie sie aus der Arbeitsteilung in der Fabrik hervorgingen. Die Arbeit müsse zum Organisationsprinzip der Gesellschaft gemacht werden. Dem theoretischen Beweis für die Identität des Arbeiterinteresses mit dem Gattungsinteresse fügte Lassalle noch ein empirisches Argument hinzu: Recht betrachtet, befänden sich 96 ¼ Prozent der Bevölkerung in «gedrückter Lage», seien also im Grunde zum Arbeiterstand zu rechnen.

Obzwar die Konsequenzen, die Lassalle daraus für den Staat zog und die ihn zeitweilig an die Seite Bismarcks führten, nicht nur von Marx und Engels, sondern auch von den Funktionären der gegnerischen Arbeiterorganisation heftig angegriffen wurden, verfestigte sich jedoch auch dort, unter dem Einfluß dessen, was man als «Marxismus» in der Partei rezipierte, die Vorstellung nicht nur von der welthistorischen Sendung des

Proletariats, sondern auch von seiner potentiellen Übereinstimmung mit dem «Volksganzen». In der Agitation unter der ländlichen Bevölkerung ging manch wackerer Sozialdemokrat sogar so weit, den Kleinbauern die «Selbstenteignung» zu empfehlen, damit sie sich zum Proletariat zählen und von der Partei desselben entsprechend vertreten fühlen könnten. Im Gothaer Programm von 1875 firmierten alle anderen gesellschaftlichen Schichten, die der Partei und also der Menschheit gegenüberstanden, als die «eine reaktionäre Masse» – eine Formulierung, die man mit Fug und Recht als antipluralistisch auslegen kann.[77]

Bis zum Ersten Weltkrieg, also über 50 Jahre lang, blieb die Sozialdemokratie die Fundamentalopposition des Deutschen Reiches. Nicht nur, weil das Kaiserreich ihr auch, als sie bereits stärkste Parlamentsfraktion war, wenig Anerkennung noch gar politischen Einfluß einräumte. Sondern auch, weil sie Fragen der politischen Formen und der Vermittlung, Fragen der Demokratie *sui generis*, vielmehr der «Systemfrage» subsumierte. Ganz im Sinne des sozialdemokratischen Vulgärmarxismus galt das demokratische Procedere, wofür die Anschauung des «Parlamentelns» im Kaiserreich ja vielfach sprach, als eine bloße Oberflächenerscheinung, die durch tiefere Übereinstimmungen abgelöst werden müsse: durch den sozialistischen Zukunftsstaat, der bei nicht wenigen Sozialdemokraten des 19. Jahrhunderts eher einem Kasernenhofsozialismus ähnelte.

Die Sozialdemokratie war bis zur Weimarer Republik weder eine reformistische Partei noch, im Sinne parlamentarischer Repräsentation, demokratisch. Daß sie substantielle politische Veränderungen von einer «Revolution» abhängig machen und sich auch nach der Aufhebung der Sozialistengesetze ins reaktionäre Kaiserreich nicht integrieren wollte, war angesichts der Realität noch verständlich. Weniger plausibel war die sozialdemokratische Bedenklichkeit 1918, als ihren Repräsentanten die Macht in den Schoß gefallen war – aber die wollte man ja gar nicht, denn der Lehre nach war das Proletariat, waren die Verhältnisse noch nicht reif dazu. Aus lauter Respekt vor den «historischen Gesetzmäßigkeiten» enthielten sich die sozialdemokratischen Führer machtbewußter Eingriffe in die aus dem Kaiserreich überkommenen Strukturen. Ein «Übermaß an gesellschaftlicher Kontinuität zwischen kaiserlichem Obrigkeitsstaat und demokratischer Republik»[78] hinderte auch viele Sozialdemokraten an einer Identifikation mit dem neuen Staat, was den ohnehin starken antiparlamentarischen Tendenzen im Bürgertum Auftrieb gab – ganz zu schweigen vom antidemokratischen Affekt der Kommunisten. Was im historischen Rückblick nachvollziehbar scheint – wo hätten die gesinnungsstarken Sozialdemokraten denn Machtpolitik lernen sollen? –, war für die Partei und das Land eine Tragödie. Auch der Versuch, das Nachkriegsreich vor der Selbstzerstörung zu bewahren und gegen radikale Minderheiten, etwa beim «Spartakusaufstand», durchzugreifen, artete regelmäßig zu maßlosen Polizeiaktionen aus und diskriminierte die größte Partei der deutschen Arbeiterbewegung politisch nachhaltig.

Eigentlich warteten die Sozialdemokraten, die den dezisionistischen Radikalismus der moskautreuen KPD ablehnten, bis zuletzt, daß aus zunehmend homogenen sozialen Klassenlagen endlich «das Proletariat» hervorwachsen und die Partei mit über 51 Prozent der Stimmen in den Stand der «Machtübernahme» versetzen würde. Das Menschenfreundliche der Weimarer Mehrheitssozialdemokratie bestand darin, daß man die Zwangshomogenisierung sozialer Lagen, wie sie in der Sowjetunion mit der Kulakenvernichtung praktiziert wurde, ablehnte. Das Tragische lag darin, daß die Homogenitäts- und Gemeinschaftsvorstellungen der Partei wenig Unterstützung für die schwache Weimarer Demokratie erlaubten. Noch 1927 griff der kluge Rudolf Hilferding, erster und letzter Finanzminister der Partei, zu einem Trick der ökonomischen Herleitung, um den Genossen die Teilhabe am bürgerlichen Staat und vor allem an Koalitionsregierungen schmackhaft zu machen. Er wies dem politischen Staat eine unmittelbar ökonomische Rolle zu, nämlich bei der Herstellung des «politischen Lohns», weshalb sich die Partei der Arbeiterklasse, die Sozialdemokratie, Einfluß auf den Staat sichern müsse. Koalitionen mit «bürgerlichen» Parteien seien dabei nicht nur möglich, sondern geradezu nötig: Die Parteien seien notwendige Bestandteile des Staates, ihr Kampf spiegele den Kampf der Klassen. Sind jedoch alle Parteien notwendig, so müssen sie sich auch den Einfluß teilen – damit begründete und rechtfertigte Hilferding gegenwärtige und künftige Koalitionspolitik und schloß mit dem Traum von den 96 ¼ Prozent – bzw. den 51 Prozent der Wählerstimmen – ab.[79] Hrsg. C. St. 1982

Die Identifikation mit der «anderen Geschichte» der deutschen Arbeiterbewegung, nicht nur ihrer «Basis», sondern auch ihrer politischen Geschichte, ist in mehrerer Hinsicht widersprüchlich: sicher kann man sich hier einer Tradition vergewissern, die nicht durch Akklamation des oder Kollaboration mit dem Nationalsozialismus diskreditiert ist. Sozialdemokraten waren unter den ersten Opfern des Regimes. Sie tröstete schwerlich, daß einige euphemistische Denker den Nationalsozialismus noch schnell zum wirklich letzten Stadium vor dem endgültigen Sieg des Sozialismus erklärten. Diese Tradition ist indes eine vorrangig «antifaschistische», nicht im direkten Sinn demokratische Tradition: Der Systemgegensatz zwischen Kapitalismus und Sozialismus bedingte auch für die Sozialdemokraten der Weimarer Republik, von denen gewißlich viele bereit waren, sich auf Regierung und Reformismus einzulassen, die relative Distanz zur Weimarer parlamentarischen Demokratie. Eine Identifikation mit der «Arbeiterbewegung» nach 1968 bedeutete demnach keinen Bezug auf eine dezidiert demokratische Tradition. Diese Tradition war indes auch über die Identifikation mit dem «bürgerlichen» Widerstand nicht umstandslos zu haben, dessen Wahrnehmung allerdings unter jenem antielitären Affekt litt, wonach er unter Systemkategorien als «konservativ» zu verwerfen sei.

Auch dies hätte eine Auseinandersetzung mit dem dreckigen Dutzend Jahren Nationalsozialismus mitzubearbeiten, bevor jenes geläuterte Nationalgefühl im Bewußtsein der eigenen Geschichte resultieren könnte, das Uri Avneri den Deutschen empfiehlt: «Eine echte ‹Bewältigung› der Vergangenheit hätte dazu geführt, daß die Deutschen ihre Vergangenheit, ihre ganze Vergangenheit, ins Auge gefaßt hätten, das Gute und Schöne als Basis für die Zukunft akzeptiert hätten, ohne das Schreckliche und Ungeheure zu verleugnen.»[80] Das Ausweichen auf die deutsche Arbeiterbewegung als der «anderen», der umstandslos guten Geschichte, erspart diesen Prozeß.

Antifaschismus als Staatsräson

Die westdeutschen Nachkriegsgenerationen haben, von den Versuchen abgesehen, eine andere Geschichte als die offizielle, die politische zu rekonstruieren – Alltagsgeschichte, Geschichte der Arbeiter-, der Frauenbewegung –, sich mit Deutschland in keiner Version identifizieren mögen. In der DDR war so etwas wie «nationale Identität» kein vergleichbares Tabu, sie wurde beschworen, zitiert, gepflegt und hochgehalten – und zwar auf den unterschiedlichsten Ebenen.

Alexander Abusch wies der DDR, der ihres real existierenden Sozialismus wegen einzig wirklich «progressiven» deutschen Nation, 1971 eine «nationale Mission» zu, deren Begründung sich alter antiwestlicher Ressentiments bediente und den vertrauten Gegensatz von deutscher Kultur und westlicher Zivilisation ausspielte: «Doch wir fragen: Was hat denn zum Beispiel die von uns angestrebte sozialistisch-humanistische Lebensweise mit der Nihilierung der humanistischen Traditionen und mit den antihumanen Exzessen der in Westdeutschland praktizierten spätkapitalistischen Unkultur und amerikanisierten Lebensweise noch gemeinsam?»[81] Die SED behauptete nicht nur, die DDR sei die legitime Nachfolgerin der «deutschen Kulturnation» mit Goethe und Schiller, sondern begann auch in den Jahren vor ihrem Ende das preußische Erbe zu reklamieren. Seit die Versorgungslage es nicht mehr opportun sein ließ, Legitimation allein auf wirtschaftlichen Erfolg zu begründen, griff man, etwa mit den Feiern zu Martin Luthers 500. Geburtstag 1983, wieder zum «Mythos der Geschichte». Auch Carl von Clausewitz, auch der Alte Fritz wurden nun dem neuen Traditionsbestand einverleibt. Beim Einklagen von Nationalbewußtsein und vaterländischem Pflichtgefühl zierte man sich, was die NVA betraf, sowieso weit weniger als in der Bundesrepublik, wo man die Bundeswehr zivil und demokratisch zu begründen versuchte, was in einem hierarchisch organisierten militärischen Verband der Quadratur des Kreises nahekommt.

Überhaupt sah sich die politische Klasse der Bundesrepublik mit dieser Geschichtsaneignung des ideologischen Feindes ins Hintertreffen gebracht. Das Bemühen Kanzler Kohls und des Historikers Michael Stürmer um mehr «Geschichte im geschichtslosen Land» (Stürmer), das im Projekt eines Deutschen Historischen Museums mündete, verdankte sich zweifellos der Geschichtsoffensive aus dem Osten. Es wurde auch höchste Zeit, der Welt ein konkurrierendes Westmodell zu offerieren, denn selbst der damalige Regierende Bürgermeister Berlins, Richard von Weizsäcker, konstatierte 1983 bewundernd, in der DDR habe man ein «wahrheitsgetreueres Bewußtsein» der deutschen Geschichte entwickelt als in der «instabilen» Bundesrepublik Deutschland.[82]

Merkwürdig. Denn richtig daran ist höchstens, daß man sich in der Bundesrepublik bislang davor gehütet hatte, die Historie allzu häufig der Legitimation wegen herbeizuzitieren – klugerweise, denn nur in der DDR konnte man die Stirn haben zu behaupten, mit den zwölf Jahren Nationalsozialismus nichts zu tun zu haben und also auf von jeglichen Erblasten freie «gute» Geschichte zurückzublicken. Der geisteswissenschaftliche Akademikernachwuchs der Bundesrepublik hat seine Geschichte treffenderweise überwiegend aus den billigen gelbroten Bänden des «Lehrbuchs der deutschen Geschichte (Beiträge)», VEB Deutscher Verlag der Wissenschaften, gelernt. Es hatte schon etwas Komisches, als die Linkssozialisierten der Republik 1986 nun ausgerechnet Kanzler Kohl vorwarfen, er wolle sich im Historischen Museum ein eigenes Walhall schaffen und die Geschichte funktionalisieren. Das konnten die anderen, ungetrübt durch Wissenschaftspluralismus und kritische Öffentlichkeit, besser – allerdings wohl schwerlich: «wahrheitsgetreuer».

Diese Nachsicht den nationalen Anmaßungen der DDR-Ideologen gegenüber paßte indes in die frühen 80er Jahre. Der notorische DDR-Fan Günter Gaus brachte die Gründe dafür auf den Punkt – er rühmte, in bester deutscher Tradition, in der DDR habe man erfreulicherweise den «mit der Hingabe an die USA verbundenen Verlust an eigener Identität» nicht mitgemacht.[83] Im Zuge der sich um die Stationierungsdebatte seit 1981 bildenden Friedensbewegung fühlte nicht nur die Protestkultur wieder national, sondern die Bedrohungssituation schwächte auch die ideologische Gegnerschaft zur DDR bei den bundesdeutschen Führungseliten ab.

Tatsächlich hat die öffentliche Meinung in der Bundesrepublik damals, was den Bezug auf die «deutsche Nation» betrifft, der DDR die Definitionshoheit weitgehend überlassen. Denn die nationale Rhetorik bei den Dissidenten der DDR oder jener Auswanderungswilligen, die sich, um ihr Anliegen zu befördern, nationalistischer Töne und nationalsozialistischer Symbole bedienten, worauf Wolfgang Engler hinweist[84], war wiederum weniger gern gesehen. Daß auch für andere DDR-Bürger die Wiederherstellung eines gemeinsamen Nationalstaates, umgekehrt, zum «mentalen Reservat gegen den stets gängelnden totalitären Staat»[85] geworden war, paßte nicht in den fashionablen Antinationalismus der 80er Jahre. Daß der Paternalismus der Bundesrepublik, die sich, als Nachfolgerin des Deutschen Reiches und gemäß dem *ius sanguinis* als Basis deutscher Staatsbürgerschaft, für Deutsche überall auf der Welt, aber insbesondere für die DDR-Bürger verantwortlich fühlte, Dissidenz ermutigte, weil man sich im Konfliktfalle der Hilfe aus der Bundesrepublik sicher sein konnte, war zwar dem SED-Regime niemals entgangen, wohl aber mehr und mehr einer auf Entspannung setzenden bundesrepublikanischen Öffentlichkeit. Mit der Anerkennung der DDR-Staatsbürgerschaft wäre auch die Fürsorgepflicht der Bundesrepublik entfallen.

Das schlechte Verhältnis zur deutschen Nation und zur deutschen Geschichte in der Bundesrepublik erklärt die Hegemonie der DDR beim «nationalen Erbe» nur zum Teil. Zum positiven Bezugspunkt wurde insbesondere der «Antifaschismus», die erklärte Staatsräson der DDR, die indes auch den kritischen Geistern unter den DDR-Bürgern das Gefühl gab, in der DDR im moralisch besseren Deutschland insofern zu leben, als man sein Schicksal als Buße für deutsche Schuld auslegen zu können glaubte.

In der DDR konnte die Idee der Nation aufrechterhalten bleiben, weil man die Schuld am Nationalsozialismus Teilgruppen anlastete (den Junkern und Schlotbaronen), die man entweder entmachtet (die Junker in der sogenannten Bodenreform nach 1945) oder abgeurteilt hatte (in den Waldheimer Prozessen 1950), weshalb deren Vertreter nur noch in der Bundesrepublik zu finden seien. Die dialektische Folge: «So betrieb gerade der selektive Zugriff auf die Vorgeschichte die Rettung des Deutschseins.»[86] Überdies waren die alten Männer der SED Opfer des Faschismus – wie Erich Honecker zu betonen nicht müde wurde. Das unbestreitbare Märtyrertum der Herrschenden trat an die Stelle der demokratischen Legitimation: Sie hatten schließlich für alle (Ost-)Deutschen gebüßt. «Indem man ihre Ordnung stillschweigend akzeptierte, brachte man selbst ein Opfer dar, ein gegenwärtiges, das vergangene Schuld aufhob, und zwar um so entschiedener, je länger es währte. So avancierte der Untertan zum unentbehrlichen Komplizen der Selbstvergebung.»[87] Geschwafel

Die Vorstellung, die deutsche Teilung sei Buße für deutsche Schuld – und nicht sowohl Ergebnis des Kalten Krieges zwischen Ost und West als auch des Versuchs der Führungseliten beider Seiten, sich an die Sieger anzupassen und damit den Bruch mit der Vergangenheit zu signalisieren – dürfte den SED-Machthabern immer gut in den Kram gepaßt haben. Sie gehört zum deutschen Mißtrauen dem humanistischen Versprechen des Westens gegenüber, das die Deutschen seit dem Versailler Friedensvertrag mal mehr, mal weniger bewußt bewegt. Das Kriegsvölkerrecht schließt Rache des Siegers am Besiegten aus und erklärt damit auch die Schuldfrage ebenso für obsolet, wie es die Ächtung des Krieges für unpraktikabel hält. Die Ratio dahinter lautet, daß die Furcht vor Rache oder vor unmäßigen Sanktionen Kriege zu totalisieren droht: Wer die Vernichtung fürchten muß, gibt auch in aussichtsloser Lage nicht auf, sondern wird sämtliche Ressourcen bis zum bitteren Ende mobilisieren. Und daß der Besiegte auch der Schuldige ist, ist ja bekanntlich nicht garantiert.

Von «Buße» für deutsche «Schuld» wird also nur reden, wer davon überzeugt ist, daß «der Westen» es mit Völker- und Menschenrecht auch nicht gerade genau nehme. Daß Stalin die Wiedervereinigung angeboten habe, der Westen aber darauf nicht eingegangen sei, speiste in beiden Teilen Deutschlands Vorstellungen von westlicher Doppelzüngigkeit. Die Debatte über die kriegsvölkerrechtlich ja durchaus dubiose Oder-Neiße-Linie oder über die Vertreibungen wurde hingegen aus ebenso naheliegenden Gründen tabuiert – als Revanchismus, als Rachekampagne ewiggestriger Vertriebenenfunktionäre (wofür die Evidenzen ja auch sprachen). Denn solcherlei Debatten rührten schließlich nicht nur an den Nachkriegsbestand der betroffenen Länder, sondern unmittelbar an den (auch moralischen) Behauptungsanspruch des Ostblocks.

Als Kritik am «US-Imperialismus» konnte sich altes antiwestliches Ressentiment ideologisch einwandfrei über die Runden retten. Diese Kritik beanspruchte schließlich keinerlei gemeinsame Grundlage in Gestalt eines akzeptierten Wertekanons. Auch der «Antifaschismus» der DDR akzentuiert den Systemgegensatz und erklärt damit die Differenz zwischen repräsentativer Demokratie und Diktatur (des Proletariats) für nebensächlich.

«Faschismus» ist ein Oberbegriff, unter dem die Spezifität des deutschen Nationalsozialismus, nämlich die organisierte Massenvernichtung vor allem der Juden, verschwindet – und in dem der Wortbestandteil «Sozialismus» fehlt, der zu unliebsamen Vergleichen führen könnte. In der SED-Deutung dominiert denn auch die Gleichsetzung der Opfer: Die nazistische Unterdrückung des kommunistischen Widerstands wird in eins gesetzt mit der systematischen Vernichtung der Juden. Vor allem aber betont diese Faschismustheorie den Systemvorbehalt, demzufolge der deutsche Nationalsozialismus nicht auf dem Boden der Delegitimation der Weimarer Demokratie gediehen sei, nicht aus der mangelnden Verankerung der demokratischen Republik im politischen Bewußtsein der Deutschen entstanden ist, nicht aus dem Aushebeln des Gewaltmonopols des Staates, an dem ja auch kommunistischer Terror reichlich beteiligt war – sondern daß sich «Faschismus» quasi naturgesetzlich aus dem kapitalistischen Wesen ergebe, demgegenüber die Demokratie nur reine Oberfläche sei. Konsequenterweise galten diesbezüglich die totalitären Systeme DDR und Sowjetunion über jeden Faschismus-Verdacht erhaben, nicht aber der zwar demokratische, aber auch kapitalistische Westen.

Wer will nicht «antifaschistisch» sein, wenn das Gegenteil «faschistisch» ist? Weil dieser Begriff das umstandslos Gute und Richtige zu benennen schien, blieb «Antifaschismus» das geheime Band zwischen den Gutwilligen in den zwei deutschen Staaten. «Antifaschismus» benannte die gefühlsbesetzte untergründige Verstrickung zwischen nachgeborenen Deutschen Ost und West. «Antifaschismus» war die Chiffre für das gute Deutschland und zugleich Lohn der eigenen Mühe in der Auseinandersetzung mit der deutschen Vergangenheit. Für die 68er-Generation, die die Flucht aus «Deutschland» angetreten hatte, war «Antifaschismus» nicht zuletzt immer Entschädigung gewesen für den Verzicht, sich im eigenen Land beheimatet zu fühlen. Wenigstens so konnte man doch auf der Seite des historisch Richtigen und Guten sein.

Die Annahme ihrer jedenfalls antifaschistischen «Grundrichtung» hatte einen gewichtigen Teil daran, daß die DDR auch von jenen Linken nicht völlig aufgegeben werden konnte, die den Sozialismus in seiner Realität durchaus ablehnten: galt sie doch immerhin als «das politische Gemeinwesen des staatlich inkarnierten Antifaschismus», wie Dan Diner es formuliert.[88] Die DDR war antifaschistisch, während der Kapitalismus den Verdacht nicht ausräumen kann, er führe zum Faschismus (so wie ein wiedervereintes Deutschland geradewegs ins «Vierte Reich» marschieren müsse): Wenn es denn irgendeine von einer Mehrheit anerkannte DDR-Identität gäbe, dann läge sie womöglich hier – im antifaschistischen Anspruch, mit dem die SED-Propaganda durchaus erfolgreich die «gutwilligen Kreise» der BRD zum Schulterschluß zwang.

Die Hegemonie der DDR in Sachen nationaler Identität läßt das demokratische Projekt des Westens blaß erscheinen, das denn auch den mit der deutschen Einheit gewonnenen Neu-Demokraten eher voll schlechten Gewissens präsentiert wird, angereichert oft mit der scheinbar menschenfreundlichen Behauptung, jeder müsse seine Demokratie selbst lernen. Gegen diesen faulen Werterelativismus zitierte Friedrich Dieckmann im März 1991 den Stoßseufzer: «Wenn die neuen Sieger der Geschichte doch wenigstens das Verantwortungsgefühl hätten, das die Engländer oder Amerikaner nach dem Krieg bekundeten!»[89]

Exkurs: Das Märtyrertum Erich Honeckers

In der Person Honeckers vereinigen sich die Quellen, die die DDR zum «besseren Deutschland» machen: Arbeiterbewegung und Antifaschismus.[90] Honecker war ein typischer Vertreter jenes sozialistischen Gemeinschaftsgefühls, wie es sich seit dem 19. Jahrhundert in kleinstädtischen bis dörflichen proletarischen Lebenszusammenhängen herausgebildet hatte. Das Familienleben mit fünf Geschwistern in der Idylle des saarländischen Bergarbeiterdorfes Wiebelskirchen ist in seinen Lebenserinnerungen eine feste, positive Größe und die Verkörperung eines Lebenszusammenhangs, der sich im Rückblick verklärt zu «verschworener Gemeinschaft», zu «Solidarität», zu «Kameradschaftsgeist» und «Kampfgeist», zu jener «großen Übereinstimmung zwischen den Menschen», die ihn auch später keinen Unterschied erkennen ließ zwischen sich und der Mehrzahl der Bürger der DDR.[91] In diesem proletarischen Gemeinschaftsbewußtsein wurzelt, persönlich gesehen, jene Grundvoraussetzung der kommunistischen Ideologie, nämlich die Vorstellung von der Homogenität der Menschen, die ihrer gleichen Lebenslage entspringe.

Dieser saarländischen Idylle scharf entgegengesetzt war die Auflösung der bürgerlichen Welt im Gefolge des bis dato unvorstellbaren Massakers des Ersten Weltkrieges. Das Erlebnis von Chaos, Instabilität, Zukunftsunsicherheit wird auch die Wiebelskirchener Idylle des jungen Honecker erreicht haben, der, wie schon sein Vater, 1929 in die KPD eintrat und sich, nach zwei Jahren Arbeit als Knecht in Pommern, in der Parteiarbeit engagierte. Wer auf dem Hintergrund proletarischer Gemeinschaft das Chaos der Weimarer Demokratie auch nur aus der Ferne miterlebt hat und vor allem die so unklug agierenden Sozialdemokraten, dem mochte damals auch die Sozialfaschismustheorie der Komintern einleuchten, für deren Exekutivkomitee Manuilski im März 1931 formulierte, «der Kampf gegen den Faschismus bedeute in erster Linie die Entlarvung der Sozialdemokratie, zweitens den Kampf gegen die bürgerliche Demokratie».[92]

Genau in diesem Sinn definierte sich Honecker als Antifaschist von Beginn an – denn im Kampf gegen die bürgerliche Demokratie engagierte er sich vor 1933 und nach 1989, wie er während des verunglückten Prozesses gegen ihn immer wieder deutlich machte. Dem jungen Honecker mag man angesichts des obwaltenden Chaos der Weimarer Demokratie wohl noch verzeihen, daß er die Wiebelskirchener Idylle weltweit errichten wollte. Dem schon etwas älteren Oskar Lafontaine indes möchte man Naivität oder Schlimmeres attestieren, wenn er in einem nachgerade untertänigen Traktat zu Honeckers 75. Geburtstag im August 1987 die Tatsache, daß Honecker nie ein Demokrat war, mit nachgerade postmodernem Werterelativismus kommentiert: «Es hat wenig Sinn, ihn immer wieder mit unseren Überzeugungen herauszufordern. Es sind nicht die seinen. Seine Werte sind die der kommunistischen Weltanschauung.»[93]

Die zehn Jahre Gefängnis, die Honecker unter dem Nationalsozialismus abbüßte, sind unbestreitbar ein hoher Preis für die Kurierdienste, die er zwei Jahre lang für die Partei leistete. Zugleich rettete ihm, so makaber das ist, der Knast das Leben – er rettete ihn vor dem Stalinismus ebenso wie vor den Nazis. Die Säuberungen in Moskau, auch unter deutschen Parteigenossen, berührten ihn ebensowenig wie der Hitler-Stalin-Pakt, der Hunderte von Kommunisten, die ihre Aufgabe im Widerstand gegen die Nazis sahen, der Gestapo auslieferte. Im Gefängnis war das Weltbild Erich Honeckers keinem Widerspruch ausgesetzt.

Das war es wohl auch später nicht. Daß Erich Honecker ein Opfer des Nationalsozialismus war, war das Pfund, mit dem er während des Prozesses gegen ihn Jahrzehnte später getrost wuchern konnte. Das tut auch im Westen weh, wenn ein Nazi-Opfer die demokratische Gerichtsbarkeit, die ihn auch als Todkranken noch vor den Richter zerrt, mit den alten Peinigern vergleicht: «Ich bin fest entschlossen, soweit meine Kräfte reichen, mich von den heutigen Siegern ebensowenig mundtot machen zu lassen wie einst von der faschistischen Gestapo. Das bin ich meinem ganzen Leben als Kommunist schuldig.»[94] Dieser Vorwurf schmerzte und verunsicherte auch jene, die sich nicht über den Unterschied zwischen Diktatur und Demokratie belehren lassen müssen. Den anderen erleichterte er das Fortspinnen der eigenen Lebenslüge: daß sich «antifaschistischer Widerstand» darin ausdrücke, der Bundesrepublik Deutschland die Loyalität zu verweigern.

Das Märtyrertum Honeckers verstellt den Blick auf das Propagandistische dieses Arguments – und die Quellen dieses Antifaschismus-Begriffs in der kommunistischen «Sozialfaschismus»-Propaganda. Denn tatsächlich haben für Honecker «bürgerliche Demokratie» und «Faschismus» eine fundamentale Ähnlichkeit, «Widerstand», «antifaschistischer Kampf» ist also immer angesagt, auch gegen das, was «formal» Demokratie ist. Mehr noch: Für Honecker sind die eigentlichen Opfer des Nationalsozialismus noch heute die Kommunisten und sind alle Gesellschaften, in denen die Arbeiterklasse unter Führung ihrer marxistischen Partei noch nicht gesiegt hat, zumindestens präfaschistisch. Die systematische Massenvernichtung der Juden durch die Nazis ist in diesem Geschichtsbild nicht nur eine Tatsache von geringer Außerordentlichkeit, sondern der Unterdrückung des kommunistischen Widerstands geradezu nachgeordnet. Darauf muß wohl die im Westen auf wenig Verständnis stoßende Vergleichspraxis ostdeutscher Linker zurückgeführt werden, derzufolge Stasi-Verdächtigungen heute der Judenverfolgung unterm Nationalsozialismus entsprächen. Die Enttarnung des PDS-Mannes André Brie als Stasi-Spitzel wurde vom «Neuen Deutschland» dementsprechend kommentiert: «Nun muß auch Brie seinen Judenstern tragen.»[95]

Mit dem Kampf gegen den Faschismus begründet der greise Staatsratsvorsitzende a. D. noch heute die Enteignungspolitik in der sowjetisch besetzten Zone sowie so manche Zwangskollektivierung hernach: man habe schließlich die Keimzelle des Faschismus, die Macht der Junker und Schlotbarone, brechen müssen. Und war das rigide Regiment des real existierenden Sozialismus nicht auch nötig, um die blonde deutsche Bestie unter der Decke zu halten? Selbst die benevolente Erziehungsdiktatur der DDR läßt sich so noch als antifaschistischer Kampf verkaufen. Rudolf Bahro: «Wer wie Honecker in dieser Tradition gegen Hitler gekämpft hatte, wollte nachher mit Recht einen neuen deutschen Staat. Wer ihn wollte, mußte auch bereit sein, ihn zu führen, sei es mit unzulänglichem Gepäck. War es etwa nicht legitim, nach dem Desaster jener zwölf Jahre ein neues Deutschland anzufangen, statt wie im Westen die alte Grundstruktur neu aufzuputzen?»[96]

Mag sein, daß dies und die Märtyrerbiographie des Erich Honecker auch jenen DDR-Bürgern Identifikation mit ihrem Staat abverlangte, die seine Nachteile scharf erkannten. Einmal ging es allen gleich nicht gut. Andererseits hob sich das saubere, ordentliche Leben im Arbeiter- und Bauernstaat sicherheitsspendend ab vom «Konsumismus» des Westens – und man konnte der «zerstörten Öffentlichkeit» (Richard Schröder[97]) eine beschauliche Kehrseite abgewinnen: die Wärme von Freundschaften und Nachbarschaften – Gemeinschaft eben.

Insbesondere die westdeutschen Edlen Seelen mit ihren Mahnwachen vor allem, was sie als «DDR-Identität» mißverstehen wollen, pflegen die Vorstellung, es habe in der DDR doch die günstigeren Voraussetzungen vorgefunden, das bessere Deutschland. Fatal wäre es, wenn man sich auch im Osten wieder flüchten würde vor einer Demokratie, die ja alle wesentlichen Probleme nicht lösen könne, in das utopische Reich der Widerspruchslosigkeit und vor einer Freiheit, die zunächst nur einen hohen Preis fordert, ins überschaubare Land der homogenen Lebenslagen.

Dann bekäme Erich Honecker recht mit seiner Prophezeiung: «Die sozialistische Alternative für ganz Deutschland zu erkämpfen, das bleibt auf der Tagesordnung, und es wird dereinst besser gelingen.» Auf der Strecke blieben dann all die, die nicht im besseren Deutschland leben wollen, sondern in einem menschenfreundlich-unzulänglichen – auch, was die Perfektion von Verbrechen betrifft.

Die deutsche Friedensbewegung

Formverachtung, Gemeinschaftsdenken, Antifaschismus: bei der Suche nach deutschen Orientierungsmustern der Nachkriegszeit Ost wie West darf eine der mächtigsten Bewegungen nicht fehlen: die Friedensbewegung zu Beginn der 80er Jahre. Weit prägender noch als der Demokratisierungsschub, den man gemeinhin mit 1968 verbunden sieht, dürfte für die westdeutsche «Identität» die Reaktion der «Gesellschaft» auf die Politik in Gestalt der von Bundeskanzler Helmut Schmidt forcierten Nachrüstung gewesen sein – Höhepunkt der «Stationierungsherbst» 1983, als sich im September vor Mutlangen die linksintellektuelle Prominenz zur Blockade versammelte.

Der Beginn der 80er Jahre war geprägt von den «neuen sozialen Bewegungen», von international zunehmenden Spannungen und vom «Ende des sozialdemokratischen Zeitalters», das nicht nur Ralf Dahrendorf mit dem Zerbrechen der sozialliberalen Koalition im Herbst 1982 gekommen sah. Nach einem Jahrzehnt der Entspannung hatte sich die internationale Lage Ende der 70er Jahre wieder verdüstert – mit dem Einmarsch sowjetischer Truppen in Afghanistan, der Krise im Iran und dem NATO-Doppelbeschluß. Seit dem Januar 1981 war mit Ronald Reagan ein Mann amerikanischer Präsident geworden, der in der Sowjetunion das «Reich des Bösen» angesiedelt sah und ein Hochrüstungsprogramm in Gang setzte, das schließlich zum ökonomischen Ruin der Sowjetunion nicht gerade unbedeutend beitrug – allerdings auch die Ressourcen der USA nachhaltig schwächte. In Polen zeichnete sich ein Ende des 1980 von der Solidarność-Bewegung erstrittenen gesellschaftlichen Experiments ab – am 13. Dezember 1981 wurde das Kriegsrecht verhängt. In der Bundesrepublik demonstrierten im eiskalten Februar 1982 100 000 gegen den Bau eines Atomkraftwerkes in Brokdorf, eine neue Welle von Hausbesetzungen flammte auf, der Bau der Startbahn West führte zu einer massiven Bürgerbewegung, und am 10. Oktober 1981 erlebte Bonn die größte Demonstration seiner Geschichte: über 300 000 Menschen versammelten sich im Bonner Hofgarten im Protest gegen die Nachrüstung mit atomaren Mittelstreckenraketen auf deutschem Boden.

Die neuen sozialen Bewegungen standen im Zeichen der (atomaren) Apokalypse und nicht verhandelbarer «Gattungsfragen». Sie artikulierten auf ihre Weise eine vehemente Kritik am System der repräsentativen Demokratie: Entscheidungen, die irreversibel seien, wie z. B. die, in der Energieversorgung auf die Atomkraft zu setzen, könnten nicht demokratischen Mehrheitsentscheidungen unterworfen werden, weil sie durch veränderte Mehrheiten nicht rückgängig zu machen seien. Entweder sei auf solcherlei riskante Technologien konsequenterweise zu verzichten, oder man müsse die Entscheidung darüber mit höherer Legitimation versehen, etwa durch plebiszitäre Formen von Volksbefragung bis Volksentscheid.

Die Friedensbewegung verschaffte den «neuen sozialen Bewegungen» Anerkennung auch in anderen gesellschaftlichen Milieus. Vor allem versöhnte sie erstmals seit 1968 wieder die jüngeren mit den älteren Generationen – und verankerte die protestantische Kirche wieder als feste Größe in der politischen Öffentlichkeit der Bundesrepublik. Die neue Innerlichkeit der Friedensbewegung traf sich umsatzfördernd mit der Therapiegesellschaft: bei sich selbst habe jeder anzufangen im Kampf gegen das Böse in der Welt. Zugleich grassierte ein katastrophenverliebtes Gemeinschaftsgefühl der Bedrohung:

die deutsche Angst feierte Orgien der Hysterie und schien das Kollektiverlebnis atomarer «Versaftung» regelrecht herbeizusehnen. Der Aufforderung zur Einkehr korrespondierte das Gefühl, einer Gemeinschaft von Opfern und erstmals nicht einer Nation von Tätern anzugehören. Die «Exterminismustheorie» des Historikers Edward Thompson fand gläubige Anhänger, der Journalist Anton Andreas Guha beschrieb den kollektiven Atomtod der Deutschen hautnah[98], und alte Vorstellungen über die besonders gefährdungsträchtige «Mittellage» Deutschlands lebten wieder auf.

Heute, wo der Krieg in Europa wieder nahgerückt ist und erkennbar wird, welch unbeschreiblich stabile Friedenslage die atomare Käseglocke gerade Deutschland beschert hat, erscheint der damalige Massenwahn, kurz vor der Vernichtung zu stehen, nicht recht vorstellbar. Dabei war solch «deutsche Angst» 1981 weit plausibler als zehn Jahre später, 1991, auf dem Höhepunkt des zweiten Golfkrieges, als die deutsche Öffentlichkeit reflexhaft das eingeübte Globalisierungsszenario wiederholte. Den Betroffenheitskult aber hat die Friedensbewegung auf den Punkt gebracht: Dort sah man die globale Lage mit dem Allerpersönlichsten verbunden, weshalb sich insbesondere Der Mann einem beständigen Exorzismus zu unterziehen hatte, bevor ihm der Aggressionsverzicht geglaubt wurde. Krieg, so lauteten die anthropologischen Gemeinplätze damals, sei die Emanation des individuellen Aggressionstriebs *pur et simple* und auch nur an dieser Quelle letztlich zu bekämpfen. Im protestantischen Formierungsfieber war der Unterschied zwischen einer Ohrfeige und dem Atomkrieg plötzlich verschwindend klein geworden.

Natürlich lag dieser Kurzschluß auch in der Art der gefürchteten Waffen begründet: Atomwaffen mit erheblicher Reichweite dienen der Massenvernichtung von Zivilbevölkerung, sind also schwerlich noch als kriegerische Waffen aufzufassen. Sie ebnen den Unterschied zwischen Soldaten und Zivilbevölkerung ein, ein Prozeß, der mit der totalen Massenmobilisierung durch Hitler und den Massenbombardierungen im Zweiten Weltkrieg seinen bisherigen Höhepunkt hatte. Das untergründige Weiterwirken der jüngeren deutschen Vergangenheit und das Tabu, über Krieg überhaupt noch nachzudenken, hatten womöglich Anteil an der in der Friedensbewegung weitverbreiteten Vorstellung, es könne unter der Politik der Abschreckung durch atomares Potential keinen begrenzbaren Krieg mehr geben und vor allem keinen, der nicht primär gegen die Zivilbevölkerung – die deutsche Zivilbevölkerung – gerichtet sei. Die Metaphorik, der man sich in der Stationierungsdebatte bediente, spricht dafür, daß viele Deutsche sich mehr oder weniger unbewußt als Objekte einer Racheaktion für den Zweiten Weltkrieg sahen.

Beobachter sehen mit der Friedensbewegung eine nationale Komponente auch in westdeutsche linke Befindlichkeiten einkehren[99], die wenig später von den politischen Eliten folgenreich aufgegriffen wurde. Die Stationierung von Mittelstreckenraketen mache Deutschland zum Austragungsort des nuklearen Schlagabtauschs, glaubten viele, Deutschland sei also «am meisten gefährdet» (Peter Brandt und Herbert Ammon), «auf dem Opferaltar der Supermächte verbrannt» zu werden (Rudolf Augstein). Die Deutschen seien im nuklearen Untergang vereint (Egon Bahr), ja vielleicht könne «aus der heutigen Einsicht, daß im europäischen Kriegsfall das Schlachtfeld gesamtdeutsch wäre, die nationale Identität der Deutschen wiederbelebt werden» (Günter Gaus).[100]

Tatsächlich bildete sich zwischen DDR und Bundesrepublik eine Art Entspannungsrefugium, eine enge Kooperation im Sinne einer «Verantwortungsgemeinschaft» zur Schadensbegrenzung. «Das so gestärkte Gemeinsamkeitsempfinden», behauptet der Friedensforscher Bruno Schoch, «leitete eine Renaissance des Nationalen in Deutschland ein, die in den Jahrzehnten zuvor undenkbar gewesen wäre. Indem sie ethnische Gleichheit und aus der gemeinsamen deutschen Geschichte oder aus der gemeinsamen Bedrohung erwachsene

Friedenspflicht vor die zuvor alles entscheidenden Unterschiede der Gesellschaftssysteme und Ideale rückte, trug diese Renaissance des Nationalen zur Delegitimierung beider deutschen Staaten bei, deren beider raison d'être gerade nicht im Nationalen lag.»[101]

Die Gemeinschaftsappelle der Friedensbewegung stellten, denke ich, in der Bundesrepublik keine direkten und abrufbaren nationalen Bezüge her, sie verringerten aber noch einmal mehr (und das ganz abgesehen von den Geldern, die manch friedensbewegter Gruppe im Westen aus der DDR zuflossen) die ideologische Distanz zum Osten.[102] Denn der Frieden schien von der Stabilität der Verhältnisse abzuhängen, von der Beibehaltung des Status quo – und war deshalb auf eine weitere Abschwächung des ideologischen Kampfes angewiesen, was sich überdies mit den Vorstellungen und Wünschen vieler «progressiver» Intellektueller und moralischer Instanzen ganz gut vertrug. Die «gutwilligen Kreise» der Bundesrepublik, wie es im bündnispolitischen Jargon der SED heißt, waren über die Friedensbewegung fest eingebunden in die Bemühungen der DDR um internationale Anerkennung. Der «nationale» Zeitgeist implizierte keineswegs den einheitlichen Nationalstaat, sondern eine Bevölkerungsmehrheit im Westen befürwortete nun die Zweistaatlichkeit – denn vor allem sollte alles so bleiben, wie es war.

Diese Verknüpfung der eigenen Existenz mit der Stabilität des Status quo handelte der westdeutschen Linken im Falle der polnischen Solidarność-Bewegung harsche Kritik ein – etwa von André Glucksmann und André Gorz, der den Deutschen vorhielt, ihnen fehle der «kulturelle Bezug zur Freiheit».[103] Die apodiktische Antwort Egon Bahrs kennzeichnete auch die Haltung anderer politischer Milieus zu den damals auf der Suche nach Bündnispartnern durch die Bundesrepublik reisenden Emissären der polnischen widerständigen Arbeiter: «Kein Ziel rechtfertigt den Krieg: weder die deutsche Einheit, noch die Freiheit der Polen.»[104]

Das nationale Element lag vielmehr in einer zunehmenden Nachgiebigkeit gegenüber der Sowjetunion und einem wachsenden Antiamerikanismus: Wer, wie Vertreter der Solidarność, Reagans Raketen verteidigte, weil sie Polens Freiheit zu verteidigen geeignet seien, hatte nicht mit der schlechten Presse gerechnet, die Reagan den USA verschafft hatte, als er die Sowjetunion zum «Reich des Bösen» stilisierte und dämonisierte. Angesichts solcher Feinderklärungen hielt man es in der Bundesrepublik lieber mit versöhnenden, abwieglerischen Gesten des Vertrauens in das Vaterland des Sozialismus. Der gebildete Anti-Antikommunismus verachtete das martialische Geklapper der Kalten Krieger.

Anfang der 80er Jahre drang der zeitgemäße Antiamerikanismus auch in Kreise vor, die eher zum linksliberalen Meinungsspektrum gehörten. Reagans Grenada-Abenteuer nährte die Furcht, von einem Verrückten auf dem Altar der Blockkonfrontation geopfert zu werden. Das «Raus aus der NATO!» der Grünen fand plötzlich geneigtere Ohren. Beobachter glaubten wieder, die Einbindung der Bundesrepublik in den Westen in Frage stellen zu müssen. Tatsächlich schien sich mit der Friedensbewegung vielerlei Verdrängtes wieder an die Oberfläche zu arbeiten – von der nationalen (nicht nationalstaatlichen) Gemeinschaft der Deutschen bis zu einem antiwestlichen Affekt, der sich auch noch mit alten Vorstellungen von Deutschlands «Mittellage», von «Mitteleuropa» verbinden ließ.

Dieser antiamerikanische Affekt war das Politikum einer Bewegung, deren linke Vertreter (in der organisierten Friedensbewegung, bei den Grünen) sich hinter den wenigen prinzipienfesten Pazifisten gern zu verstecken pflegten. Denn die westdeutsche Linke war bis dato nicht gerade für ihre pazifistische Grundhaltung bekannt: Der sich seit dem Vietnamkrieg durchhaltende antiimperialistische «Tiers-Mondismus» segnete alles ab, was sich international als «Volksbefreiungsbewegung» ausweisen konnte, egal, ob sich die Legitimität der «Volksbefreier» lediglich auf die normative Kraft ihrer Gewehrläufe stützte. Das reichte von dem frühen studentenbewegten Sammlungsaufruf «Haubitzen für den Vietkong» bis zur Kampagne «Waffen für El Salvador», für die sich die taz noch bis weit in die 80er Jahre hinein stark machte. Warum es keine deutschen Massendemonstrationen gegen den Krieg im ehemaligen Jugoslawien gebe, fragte 1992 die FAZ – scheinheilig. Denn die Antwort war klar: Weil der Schuldige nicht als amerikanischer Imperialismus dingfest gemacht werden konnte.

Daß es Verrat an linken Positionen sei, nicht grundsätzlich pazifistisch zu sein, wurde während der erregten deutschen Golfkriegsdebatte Anfang 1991 gern und häufig wiederholt. Das ist Unsinn: Gerade auf der Linken erfreute sich jegliche gewalttätige, internationale Regeln mißachtende, aber dafür das «Volk» für sich reklamierende «Befreiungsbewegung» stets größter Sympathie. Über die Vorzüge einer Einhegung der Gewalt durch ihre Monopolisierung im demokratisch kontrollierten Staat und durch völkerrechtliche Vereinbarungen ist im antiimperialistischen Milieu der Friedensfreunde noch immer nur schwer zu diskutieren.

Die Kuwait-Falle

Vielleicht muß man sich die Fehlleistungen der deutschen Protestkultur und insbesondere der meinungsmachenden Klasse damals, bei der Gegenaktion alliierter Streitkräfte gegen Iraks Diktator Saddam Hussein im Januar und Februar 1991, aus zwei mittlerweile tiefsitzenden Überzeugungen erklären: zum einen aus dem Anfang der 80er Jahre in der Friedensbewegung gewonnenen Glauben, jede kriegerische Verwicklung, an der eine der Atommächte beteiligt ist, müsse sich global ausweiten und damit unmittelbar auch die Menschen in Deutschland zum Opfer haben. Anders sind die damals umlaufenden Parolen wie «Ich habe Angst» oder «Ich will leben» nicht zu interpretieren. Nicht nur die Grünen-Politikerin Antje Vollmer sah den Dritten Weltkrieg angebrochen – und Klaus Bednarz illustrierte diese Erwartungen im Fernsehen, indem er Bilder vom Ersten Weltkrieg präsentierte. Politiker der Regierungskoalition widersprachen nicht.

Zum anderen griffen die bald lauter werdenden ausländischen Stimmen, die deutsche Mitverantwortung forderten, einen offenbar enorm wichtigen Identitätsbestandteil an, der in der Friedensbewegung der Nachrüstungsdebatte seine sozusagen gesamtdeutsche Bekräftigung erfahren hatte: das national verbindende Motiv, sich als Opfer künftiger Krisen definieren und damit widerspruchsfrei bleiben zu können; die positive pazifistische Identität, wonach Deutsche niemals mehr in kriegerische Handlungen verwickelt sein sollten. Der Angst, mit der Wiedervereinigung sozusagen naturlogisch wieder zu nationalistischer Aggression zurückkehren zu müssen, mußte die unbedingte Friedfertigkeit wehren, die insbesondere in der alten Bundesrepublik groteske Züge angenommen hatte. Krieg war mittlerweile sogar als historischer Tatbestand tabuiert: anstelle von Militär- und Kriegsgeschichte gibt es in Westdeutschland nur noch Friedens- und Konfliktforschung. (+)

Die ausländischen Attacken haben dieses Selbstbild extrem erschüttern müssen – dabei verdankten sie sich vor allem wachsendem Ärger über die Mischung aus schlankweg einseitigen Protestparolen (Saddam Hussein als militärischer Aggressor tauchte gleich gar nicht auf) und dem viel größeren Skandal: der Tatsache, daß deutsche Politiker völlig abgetaucht zu sein schienen und die Massenhysterie unter einem nicht kleinen Teil der Bevölkerung ungebremst auflaufen ließen.

Man kann die Schlangen Verweigerungswilliger vor den Kriegswehrersatzämtern für den Ausweis ziviler Gesinnung halten. Man kann sie indes auch als unangebrachte Hysterie kritisieren – denn tatsächlich konnte damals nicht im geringsten von einer direkten Beteiligung deutscher Soldaten die Rede sein. Das forderte auch niemand, und die aufgeregte De-

 (+) Expeditionscorps heißen nun Krisenreaktionskräfte etc.

batte darüber, während gerade ganz andere ihre Köpfe hinhielten, hinterließ den Eindruck einer vorauseilend kopflos-selbstbezogenen Gesellschaft. Und um auch dieses anzufügen: den sogenannten «Bellizisten» unter den Intellektuellen, die ihr Entsetzen über die vielen politischen Fehlleistungen der «edlen Seelen» äußerten, ging es ebensowenig um deutschen «Neonationalismus» und knarrende deutsche Soldatenstiefel, wie es die eher unfromme Propaganda der politischen «Pazifisten» wollte und will.[105]

Die Frage, damals wie heute, lautete vielmehr, ob und wie Deutschland zum Westen gehören will. Vielleicht hat die damalige Debatte zu einer klaren Antwort heute insofern beigetragen, als in ihr wie unter Wiederholungszwang emporstieg, was seit dem Zweiten Weltkrieg unter Tabu stand und insofern der Bearbeitung nicht zugänglich war. Protestkultur und progressive Öffentlichkeit agierten deutsche Geschichte aus – stellvertretend, da man es direkt nicht konnte.

Ob Saddam Hussein, wie Enzensberger instinktsicher vorschlug, mit Hitler zu vergleichen ist, mag man bestreiten – aber die Identifikation der politischen Pazifisten mit den vom «Genozid» durch die Amerikaner bedrohten «arabischen Massen», deren «Eigenart» nicht zulasse, sie nach westlichem Maßstab zu beurteilen; der Vergleich Bagdads mit Dresden; die Erinnerung an Völkerrechtsbrüche just der Amerikaner, die jetzt behaupteten, es in Kuwait verteidigen zu müssen; die Frage nach der Künstlichkeit von Staatsgrenzen – all das wies darauf hin, daß die Erregungsqualität der deutschen Debatte mit der deutschen Vergangenheit zu tun hatte und nicht mit der aktuellen Lage.

Wenn man Enzensbergers Vergleich ernst nimmt – nämlich daß die Friedensmarschierer in der Identifikation mit den Irakis sich eigentlich in die Deutschen zwischen 1938 und 1945 hineinversetzten –, dann stand im Januar 1991 erstmals und offen auch für die Nachkriegsgenerationen, die sich sonst eher als antifaschistische Avantgarde verstehen, folgendes in Frage:

War die Bombardierung deutscher Städte und damit der Zivilbevölkerung durch die Alliierten im Zweiten Weltkrieg mit etwa 600 000 Ziviltoten nötig und richtig? Konnte man Hitler und die Deutschen mit westlichen Maßstäben messen oder mußte man sich nicht in ihre Eigenart hineinversetzen, die nun mal nichts mit blutleeren Formen und Regeln am Hut hat? Waren die Staatsgrenzen, die Hitler eigenmächtig korrigierte, nicht eigentlich künstlich und lediglich Oktroy der Sieger des Ersten Weltkriegs, insbesondere der Kolonialmacht England, dieser Ansammlung von «Krämerseelen»?

Ohne die These von der «Wiedergängerei» ist schwerlich nachzuvollziehen, daß all diese Argumente zugunsten der «berechtigten Interessen» Saddam Husseins im Nahen Osten angeführt wurden und die «Eigenart» der arabischen Massen als höher zu veranschlagender Wert erschien als die Existenzberechtigung der einzigen Demokratie der Region, Israels und seiner Bewohner. Die Grenze zu Kuwait sei «künstlich» und vom «weißen Mann» (also England) diktiert (Alice Schwarzer), hieß es, oder: man könne der «arabischen Eigenart» nicht westliche Werte wie Vertragstreue u. ä. abverlangen – oder gar den gekränkten arabischen Massen das Völkerrecht zumuten. Daß die USA gegen die Ziele des UNO-Auftrags verstoßen würden und, statt Saddam Hussein zu entwaffnen und Kuwait zu befreien, in Wirklichkeit einen «Genozid» an der irakischen Zivilbevölkerung planten sowie «A-, B- und C-Waffen einsetzten» (Sternburg), galt als verbürgt. Dem Diktator trat man mit Verständnis, den Demokratien Israel und Amerika mit größtmöglichem Mißtrauen entgegen, und manche der von Saddam Hussein als solche titulierten «edlen Seelen» äußerten sogar die Auffassung, die Kuwaitis hätten kein Recht auf Schutz durchs Völkerrecht, weil sie unter politischen Verhältnissen eines «Feudalismus» lebten.

Als befangen in der Geschichte erwiesen sich unübersehbar auch die Golfkriegsalliierten, insbesondere in England und den USA, denn auch bei ihnen geisterten die Erfahrungen des Zweiten Weltkriegs und die Erinnerung an Hitler herum: an jenen anderen Diktator, den man, aus lauter Friedensliebe, viel zu lange beschwichtigt hatte, statt ihm rechtzeitig auf die Finger zu klopfen. Auch Saddam Hussein wurde eines «Appeasements» teilhaftig, schien er doch nützlich gegen den Iran zu sein. Historische Erinnerung mag auch hier der nüchternen Wahrnehmung der Gegenwart im Wege stehen. Es nützt ja nicht unbedingt dem klaren Kopf, wenn derart mächtige Kräfte aus dem Unbewußten in Fragen von Krieg und Frieden hineinregieren. Aber es spricht nicht für die Wahrnehmungsbereitschaft der bundesdeutschen Öffentlichkeit, daß sie sich wieder einmal der Diskussion dessen verschloß, was Heiner Geißler 1983, auf dem Höhepunkt der Friedensbewegung, provozierend ins Spiel gebracht hatte: daß der Pazifismus an Auschwitz mitschuldig sei. Denn es ist ja richtig, daß der vom Ersten Weltkrieg ausgelöste Wunsch nach Frieden die anderen europäischen Mächte zu lange einen Diktator beschwichtigen ließ, der nicht zu beschwichtigen war.

Ich möchte die Debatte hier nicht wiederholen, die das linksliberale Milieu damals heillos und nachhaltig zerstritten hat. Im Kontext des «Betroffenheitskultes» ist vielmehr wichtig, welcher Art damals die Kritik insbesondere an der amerikanischen Politik war und aus welchen Quellen sich das Mißtrauen gegen Amerika speiste. Daß der angelsächsische Krämergeist nur die eigenen Interessen (Öl!) verfolge, während er sich auf hohere Werte berufe, schien vielen nicht nur ausgemacht, sondern auch noch besonders verächtlich zu sein – dabei hat Eigennutz bei der Kriegsführung immer einhegende Funktion, während es die «bewaffneten Missionen» (Robespierre) sind, die Glaubenskriege, die den Krieg umfassend und unendlich zu machen geeignet sind. Die Kritik am Krämergeist und die Suche nach Begründungen in «Höherem» hat, *needless to say*, gute alte deutsche Tradition. Vor allem aber entging diesem Argument, daß es erst recht vermessen gewesen wäre, wenn die USA am Golf für «Höheres», etwa für die *new order* Präsident Bushs gekämpft hätte – denn das hätte den UN-Auftrag weit überschritten, wonach es lediglich um die Befreiung Kuwaits zu gehen hatte.

Insonderheit aber offerierte die Kritik an den USA ein anderes antiwestliches deutsches Grundmotiv: ein bodenloses Mißtrauen in sämtliche Regularien für den Umgang der Menschen miteinander, die Neigung, das Völkerrecht für einen bloßen Papiertiger zu halten, als ein Regelwerk, das im Belieben des «Siegers» gebogen und gebrochen werden kann. Die Konsequenz, seine Einhaltung deshalb um so heftiger einzuklagen, zieht man hierzulande indes nicht, sondern beläßt es bei der entlarvenden Geste. Helmuth Plessner verwies schon in den 50er Jahren auf einen grundlegenden und nicht völlig grundlosen Affekt seit dem Ersten Weltkrieg, der in der kollektiven Erinnerung verankert zu haben scheint, daß Völker- und Menschenrecht teilbar sind und den «Schuldigen» nicht zustehen: «Tatsache ist ferner, daß die Kriegspropaganda der Entente, der Vertrag von Versailles und das Koalitionsspiel der republikanischen Parteien die Begriffe von Freiheit, Demokratie, Selbstbestimmungsrecht der Völker, Fortschritt und Weltfrieden, mit einem Wort das Wertsystem des politischen Humanismus westlicher Prägung bodenlos entwertet haben.»[106]

Kein vernünftiger angelsächsischer Militärhistoriker bestreitet mehr, daß der Versailler Vertrag auch «Momente von Rache» enthielt – was unzweifelhaft keinerlei Rechtfertigung bietet für den revanchistischen Feldzug von Hitler, wohl aber das weitverbreitete Ressentiment erklärt, das ihm in der deutschen Bevölkerung die Anhängerschaft gesichert hat. Das Tabu, das eine vom Entsetzen über die deutschen Verbrechen und vor allem über den Massenmord an den Juden sozialisierte Generation über so heikle Fragen gebreitet hat wie die völkerrechtliche Tragfähigkeit der Massenbombardierung deutscher Zivilisten, über die Rechtmäßigkeit von Vertreibung oder der Oder-Neiße-Grenze, hat indes offenbar ebenfalls nur übers Falsche belehrt: nämlich über die Relativität kriegsvölkerrechtlicher Regularien. So wird man kein Verteidiger des «politischen Humanismus westlicher Prägung» – und auch niemand, der das Völkerrecht im Konfliktfall auch gegen seine Anwender hochhält. Wer begrüßt, daß die Alliierten Hitler mit allen Mitteln bekämpft und die Insassen von Auschwitz befreit haben, muß zum Preis, den sie gezahlt haben, auch die Beschädigung ihres eigenen Rechtsempfindens hinzuzählen. Dazu muß man ihnen dieses Rechtsempfinden aber zumindest unterstellen.

In der Golfkriegsdebatte Anfang 1991 in Deutschland galten alle Argumente als besonders gefühlskalt, die sich nicht auf die fundamentale Frage von Krieg oder Frieden bezogen, sondern Strategie und Taktik einbezogen oder gar noch darauf insistierten, daß es einen Unterschied gebe zwischen einem «Genozid» und relativ zielgenauen Waffen, die die Menschenopfer insbesondere der Zivilbevölkerung gering zu halten helfen könnten. Damit lasse man sich ja auf die «Logik des Krieges» ein. In der Tat. Da es Krieg und Aggression auf diesem Globus gibt, ist der Wunsch nach ihrer Ächtung gleichbedeutend mit der Verweigerung praktischer Hilfeleistung – die nur darin liegen könnte, der «Logik» des Krieges folgend ihn möglichst weitgehend einzuhegen und einzudämmen. Radikaler Pazifismus, der die brutale Tatsache des Krieges leugnet, neigt, kommt es denn doch dazu, zu jener Verrohung der Kampfsitten, die die notwendige Konsequenz aus der Verachtung der Formen und Regeln ist.

Ein neues Gespür für die Notwendigkeit von «Dominanz» (Karl Otto Hondrich) nach der repressiven Stabilität der Blockkonfrontation, ein Gespür vielleicht auch für die «Unwahrscheinlichkeit» (Heinz Bude) der westlichen Demokratien, die den Einsatz für sie wohl lohnt, scheint sich indes heute sogar in der bundesdeutschen Betroffenheitsszene anzubahnen. Das finstere Abschlachten im ehemaligen Jugoslawien und das abwartende Zuschauen der westlichen Nachbarn hat womöglich einen Stimmungsumschwung bewirkt. Rupert Neudeck, der Vorsitzende des Komitees «Cap Anamur / Deutsche Notärzte», hat insbesondere den deutschen Wunsch, mit dem Rekurs auf «humanitäre Aktionen» stets auf der Seite der Guten zu bleiben, mit Blick auf Somalia oder Ex-Jugoslawien scharf kritisiert: «Was wir gegenwärtig erleben, ist die Ratifikation einer Ohnmacht, die täglich deutlicher wird. Die Politik bietet ein jämmerliches Bild, vor allem wird die Politik durch humanitäre Aktionen ersetzt. Das Humanitäre kann und will aber keine Politik ersetzen. (Humanitäre Hilfe) wird makaber, wenn sie Ersatzfunktion für eine fehlende entschlossene Politik bekommt.»[107] Das Verschwinden der Politik hat sich unübersehbar in der Tatsache dokumentiert, daß die Regierung und die großen Parteien des Bundestags in der Frage, ob Soldaten der Bundeswehr an Aufklärungsflügen über Ex-Jugoslawien beteiligt sein sollen, sich ihres politischen Prärogativs, ja ihrer Entscheidungspflicht begeben und sie ans Bundesverfassungsgericht weitergeleitet haben. Die Bundesregierung sollte nicht nach Berlin, sondern nach Karlsruhe umziehen.

Der antinationalistische Affekt in Deutschland, der hinter jeglicher Debatte womöglich neuer Aufgaben für das etwas größere und etwas souveränere Land die Gefahr von «Normalisierung» (Habermas) wittert, tut sein Übriges, um die politische Öffentlichkeit dieses Landes irgendwie unwirklich erscheinen zu lassen. Der Weg in die provinzielle Unschuld ist, wie Karl Heinz Bohrer einwendet, gerade dann inkonsequent, wenn man die Vergangenheit als Teil der eigenen nationalen Identität aufnehmen und reflektieren will. Für die Wiedervereinigung zu zahlen hat nur Sinn, «wo über dem Begriff der Nation so etwas anwesend wird wie Patriotismus» und deutsche Soldaten zu beteiligen geht nur, «wo über dem Nationenbegriff so etwas anwesend ist wie eine internationale Verantwortlichkeit».[108] Daß die bundesdeutsche Öffentlichkeit «aufatme», während sie Abschied von der alten Bundesrepublik nimmt, wie Habermas behauptet[109], halte ich für ein Gerücht – denn ehrlich: In der Nische, ganz ohne Verantwortlichkeit, war's gemütlicher.

Das Fehlen klarer politischer Maßstäbe wäre ja vielleicht ein Luxus, den wir uns leisten können sollten, wenn nicht mittlerweile unübersehbar auch andere darunter zu leiden hätten – die europäischen Nachbarn und überseeischen Verbündeten, aber auch die deutschen Ausländer und nicht zuletzt die vielen, die sich um diesen fragilen Status noch bewerben. Es geht heute um eine zivile Definition des Gemeinwohls, die sowohl Grenzen berücksichtigt – nationale wie Grenzen des Engagements –, als auch ohne falsche Unmittelbarkeit auskommt. Jenseits aller Wünsche nach einer offenen Gesellschaft braucht es eine neue Definition des Personenkreises, für den das im internationalen Vergleich luxuriös ausstaffierte soziale Netz aufgespannt ist – das ist man denen schuldig, die in der Hoffnung auf diesen Komfort ins Land streben, aber auch jenen, denen er bislang zustand und die sich nicht völlig unberechtigt Sorgen um seinen Fortbestand machen. Dafür ist Selbstbeschau und Selbstdefinition wichtig: für die Neubeschreibung von Zugehörigkeit, die den globalen Veränderungen weitgehend Rechnung trägt, aber auch die Heimat- und Sicherheitswünsche vieler bereits hier Wohnender nicht völlig unberücksichtigt läßt. Der Mythos von der unendlich offenen Gesellschaft überläßt das Feld, so steht zu fürchten, den Chauvinisten. «Wer ist Bürger des eigenen Landes? Der Wohlfahrtsstaat ist national konstituiert, und man wird sich daher darauf einstellen müssen, daß er in nationalistischen Kategorien verteidigt wird.»[110] Ausgrenzung befördert diesen Prozeß. Mai '93

Während sich der progressive Mittelstand mit Selbstvorwürfen und Appellen an die Solidarität wenigstens noch moralisch gut fühlen kann, taucht im politischen Diskurs nur noch als Zerrbild des «alten», des häßlichen Deutschen auf, wer in der neuen Lage keinen Vorteil sehen kann und wer seine fragile Identität womöglich bislang davon abhängig sah, daß das Wirtschaftsmodell Deutschland mit seinem international seinesgleichen suchenden sozialen Netz ihm sicher blieb – was notwendigerweise heißt, daß es nicht zu vielen zur Verfügung stehen kann. «Deutschland den Deutschen» ist nicht nur als rassistische Behauptung zu verstehen, sondern als Einklagen des Nachkriegskonsenses: nämlich daß die nationalen Ressourcen der überschaubaren und relativ homogenen «Volksgemeinschaft» vorbehalten bleiben.

Was aber ist das deutsche Volk? Auf «Volk» als gemeinsame Basis hatten sich die Deutschen in der Geschichte kapriziert, noch heute ist das *ius sanguinis*, das Recht des Blutes, die Grundlage für die deutsche Staatsbürgerschaft. Es bedürfte ja tatsächlich einer «Staatsidee» wie in Frankreich, Amerika und auch Großbritannien, um zu einem Verständnis von Staatsbürgerschaft zu gelangen, in dem die Zustimmung zur Verfassung und ihrer Institutionen das entscheidende ist und damit die Zustimmung zu den Regularien des Zusammenlebens.

Die deutsche Idee des Volkes ist immer eine Mangelerscheinung gewesen, ein Gegenzauber, wie er als romantisches Konzept zuerst 1806 nach der preußischen Niederlage gegen Napoleon formuliert wurde. Norbert Elias führt die Betonung der «Blutsbande» und der «Abstammung» auf ein dem Nationalsozialismus vorgelagertes Phänomen deutscher Minderwertigkeitskomplexe zurück: Im Unterschied etwa zum englischen Adel waren in Deutschland Adelstitel nicht an die Funktion, sondern an die Abstammung gebunden. So entstand mehr macht- und einflußloser verarmter Adel, der sich indes wenigstens auf den Adel «reiner» Abstammung beziehen konnte.[111] Die Nazis übertrugen das als Vorstellung von der «Reinheit des Blutes» aufs ganze Volk.

Nach 1945 hat das «völkische» Moment in deutscher Politik und Selbstverpflichtung eine neue und durchaus widersprüchliche Rolle übernommen: Die Verpflichtung der Bundesrepublik gegenüber den «Volksdeutschen» in aller Welt erfüllte eine nicht unerhebliche Schutzfunktion gegenüber den deutschen Minderheiten im kommunistischen Herrschaftsbereich und vor allem gegenüber den DDR-Bürgern. Die SED hat den Paternalismus der Bundesrepublik zu Recht immer wieder angeprangert, der sich im Anspruch ausdrückte, alle Deutschen überall zu vertreten, denn er bot den DDR-Bürgern Schutz bei Dissidenz oder Verfolgung. Dieser Effekt der «völkischen» Definition bundesdeutscher Verpflichtungen hat in der Debatte um die Anerkennung der DDR eine erstaunlich geringe Rolle gespielt, dabei ist er doch das einzig positive Argument, das man für diese Definition bundesdeutscher Staatsbürgerschaft ins Feld führen kann.

Solcherlei «historische» Notwendigkeiten eines *ius sanguinis* entfallen heute, und insbesondere in der alten Bundesrepublik ist die Bereitschaft in der Bevölkerung hoch, es zugunsten eines *ius soli* aufzugeben – zumal angesichts der Tatsache, daß die Ausländer, die seit Jahrzehnten hier leben oder hier geboren sind, bei der Wahl derjenigen, die sie politisch repräsentieren sollen, nicht mitzuspielen haben. Das betrifft immerhin fast 30 Prozent der Bevölkerung einer Stadt wie Frankfurt.

Ein *ius soli* bedarf indes hinreichender Klarheit über das, was Staatsbürgerschaft in diesem Land bedeuten soll, die nicht nur, wie unsere Sentimentalisten gerne behaupten, einen Katalog von Rechten, sondern auch eine Reihe von Pflichten impliziert. Wer, worauf Dan Diner hingewiesen hat, der Bundesrepublik empfiehlt, eine Einwanderungsgesellschaft nach dem Muster der USA zu werden, muß wenigstens zweierlei dazu sagen: Auch die USA macht keineswegs die Grenzen auf. Auch eine multikulturelle Gesellschaft nimmt sich das Recht, zu bestimmen, wer zu ihr gehören soll. Vor allem aber: «It's a free country.» Der Einwanderungsgesellschaft Nordamerika entspricht ein sozialer Konkurrenzkampf, ein Überlebenskampf ohne Netz und doppelten Boden, den wir hier nicht kennen und an den sich manche auch nicht mehr würden gewöhnen können. Die alte Bundesrepublik hatte jedem, der zu ihr gehörte, das Angebot auf Teilhabe an einem einmaligen sozialen Sicherungssystem gemacht. Sie kann dieses Versprechen schon jetzt nicht mehr halten. Unsere ebenso alarm- wie kommunikationsbereite Öffentlichkeit bezieht ausgerechnet jene ins Gespräch nicht mehr ein, die sich von der stetig größer werdenden Zahl von Migranten, den Problemen der deutschen Einheit und anderen kulturellen Streßfaktoren besonders beeindrucken und vor allem beängstigen lassen. Daß es gelungen ist, diese Problematik unter der Rubrik «Rassismus und Ausländerfeindlichkeit» zu tabuieren, wird sich auf die Dauer als Unglück erweisen.

Es gab 1989 keinen Nationalrausch. Und statt beständig vor ihm zu warnen, wäre eine Debatte über notwendige nationale Kohäsionsfaktoren weiß Gott dringlicher gewesen. Denn wenn die Verteilung ständig steigender ökonomischer Zuwächse keine Identität mehr verbürgt und sich um weniger immer mehr streiten müssen, dann ist die Frage vordringlich geworden, worin der Konsens im Land überhaupt noch besteht. Der Werterelativismus der Multikulti-Sympathisanten war diesbezüglich stets wenig hilfreich: tatsächlich brauchen verschiedene Kulturen *mehr* Regelungsmechanismen, als die zivile und ziemlich kohärente Nachkriegsbundesrepublik noch zur Verfügung hatte.

Entrüstung ist keine politische Kategorie: ach, Bismarck! Diese Einsicht ist insbesondere der kritischen Öffentlichkeit hierzulande verlorengegangen – und den Politikern dazu. Dabei sind sie nicht gewählt, um gemeinsam mit den Bürgern Mahnwachen abzuhalten oder Gefühle zu zeigen, sondern um den Willen des einzelnen wenigstens ein bißchen zu transzendieren. Hilfeleistung – oder «Solidarität» – ist gerade nichts, was aus ehrlicher Betroffenheit und überhaupt einem Gefühl erwachsen sollte, sondern was die Vernunft gebietet. Weshalb sie den Bürgern auch mal abgerungen werden muß, wenn sie gerade nicht mit seinen ureigenen Interessen übereinstimmt – auf beides hat er einen Anspruch. Schwerlich angemessen scheint, der Legitimation des Nötigen wegen gleich die Volksgemeinschaft und den Konsens aller zu mobilisieren. Die

Aufforderung zur «Identifikation», wie sie dem Betroffenheitskult inhärent ist, will indes just dieses. Solidarität aber wird erst da interessant, wo sie aus der Vernunft und eben nicht aus dem Herzen kommt. Nur die Vernunft gebietet es nämlich, auch die Unwürdigen in den Blick zu nehmen, jene, die im Identifikationsmodus des Betroffenheitskults nicht unterzubringen sind – und die kein Opfersein adelt. Denn auch sie haben Ansprüche – so wie auch Ölscheichs ein Recht auf die Unverletzbarkeit ihrer Staatsgrenze haben.

Spätestens seit den rechtsradikalen Aufmärschen hat sich die Befürchtung als verfrüht erwiesen, der Demokratie sei ihr Feindbild abhanden gekommen, weshalb es ihr immer schwerer gelingen müsse, Streiter für sich zu gewinnen. Im Gegenteil: «Mit einem Mal tritt die Unwahrscheinlichkeit der Bundesrepublik nach 1945 ins allgemeine Bewußtsein. Es wird deutlich, daß die liberale Demokratie nicht das logische Ende der Geschichte darstellt, sondern ein immer gefährdetes und niemals gesichertes Projekt, das im Zweifelsfall verteidigt werden muß.»[112]

IV

Epilog

Vom Ankommen in der Gegenwart

Es gilt Abschied zu nehmen von der alten Bundesrepublik Deutschland, die sich heute als «Westdeutschland» jäh an eine gründlich ungeliebte nationalstaatliche Existenz gekettet sieht. Wie sehr das Land in Zukunft «mental» dem Westen verbunden bleibt – davon wird viel abhängen. Eine nur schwache Konjunktur haben westliche Werte nicht nur auf der Rechten, die man diesbezüglich immer in Verdacht hatte. Es gibt auch ein linkes *juste milieu*, das deutsche Besonderheiten pflegt.

Abschied von der Bundesrepublik, wie sie uns bekannt und vertraut war: als prosperierende Insel, die im Grunde nur wenig wirkliche Zumutungen hinnehmen mußte. Es ist dabei – ach, Habermas! – dem Frankfurter Praeceptor vorbehalten, unter diesem Abschied «ein Gefühl der Erleichterung» zu wittern und Gesamtdeutschland auf dem Weg zu einer «zweiten Lebenslüge» marschieren zu sehen. Denn «die aufatmend-triumphierende Feststellung ‹Wir sind endlich wieder ein normaler Nationalstaat›» ist in diesem Lande noch nicht einmal die Position einer statistisch signifikanten Minderheit.[113] Statt dessen erfreut sich der Wunsch, neue Lagen entweder gar nicht erst wahrnehmen zu müssen oder sie doch wenigstens nach altem politischen Raster definieren zu können, bei der politischen Klasse und bei großen Teilen der Bevölkerung größtmöglicher Beliebtheit. Der Debattenbeitrag Jürgen Habermas' ist der schönste Beleg dafür – er postuliert im besten linken Alarmismus-Modus, daß auf dem Wege eines Neonationalismus marschiere, wer überhaupt nur Veränderungen konstatiere.

Es hilft aber nichts: Der Zusammenbruch des kommunistischen Weltreichs hat die Welt verändert, die deutsche Einheit und die neue Migrationswelle haben die Wunsch- und Weltbilder von einst in Frage gestellt. Es führt rein gar nichts an der Erkenntnis vorbei, die Freimut Duve in seiner Replik auf Habermas formuliert: «Die Welt-Utopie des Artikels 16 stand vierzig Jahre im fragwürdigen Schatten der Mauer.»[114] Nicht nur die Diskurskultur der Bundesrepublik Deutschland hat von diesem Bauwerk, das uns ein Leben im Windschatten schenkte, nichts als profitiert.

Es gehört zur intellektuellen Tragikomödie und zur Geschichte ihres Niedergangs, daß die «kritische Öffentlichkeit» Westdeutschlands die Chance zur Neudefinition der Lage, die eine ideenarme Regierungspolitik nach 1989 ungenutzt ließ, nie ergriffen hat. Statt dessen wird der Schmollwinkel dogmatischer linker Gewißheiten aufgesucht, aus dem heraus die Denkwilligen der Nation mit Bannflüchen überzogen werden, die völlig unverhüllt auf Ausgrenzung abziehlen. So und kaum anders ist die Suche nach linken «Verrätern» zu verstehen, denen mindestens Neonationalismus oder Neokonservativismus bescheinigt wird (warum eigentlich «Neo»?), wenn sie die Veränderungen der Welt auch nur beschreiben wollen.

Nein, in der Bundesrepublik Deutschland wird keineswegs aufgeatmet angesichts der Aussichten, als ganz «normaler Nationalstaat» durchgehen zu müssen. Im Gegenteil: Habermas artikuliert den denkfaulen politischen Mainstream in diesem Lande, der seine Sehnsucht nach dem Status quo ante als Kapitalismuskritik artikuliert. Daß es dem eminenten Philosophen Habermas übrigens beifällt, von einer (westdeutsch-kapitalistischen) «Gleichschaltung der Medien» der Ex-DDR zu reden, befriedigt allemal den linken Stammtisch, dem die absolut linear geschaltete SED-Bezirkszeitung aus der DDR seligen Angedenkens heute offenbar wie ein Ausbund an Pressefreiheit vorkommt.

Diese wohl absurdeste Blüte eines dogmatischen Festhaltens an Weltbildern macht deutlich, wie wichtig der Status quo ante

89 für die kulturelle Identität des Westens und deren intellektuelle Sachwalter ist. Mit dem Untergang der DDR ist eben nicht der neue Jubelnationalismus entstanden; richtig ist vielmehr, daß sein Gegenteil, daß die «kulturelle Identität des negativen Nationalismus» (Bernhard Giesen) nicht mehr trägt, und daß diese Identität mit der DDR ihren wichtigsten äußeren Bezugspunkt verloren hat.

Um es zu wiederholen: Diese nationale Identität ex negativo erfüllte ja für die zivile Ausrichtung der alten Bundesrepublik Deutschland eine ungemein wichtige Funktion, in aller Ambivalenz. Die nationale Heimatlosigkeit befähigte den Einzelnen, sich ohne festverankerte kollektive Maßstäbe zu bewegen, sich individuelle Freiräume, ein hohes Maß von Selbsttätigkeit und Selbstbewußtsein zu erobern. Aus der Abgrenzung von der nationalen Vergangenheit, insbesondere vom Nationalsozialismus, entwickelte sich zugleich eine neue kollektive Identität von Betroffenheit, eine kulturell-moralische Identität, die «von der Spannung zwischen dem in die Zukunft verlegten kulturellen Projekt und der Unvernünftigkeit und Borniertheit des Bestehenden» lebte.[115] Die Kollektividentität «Betroffenheit» kulminierte in der Vorstellung eines deutschen Kollektivschicksals unter der atomaren Apokalypse.

Diese Identität nun, die sich auf die «moralische Kritik am Bestehenden im Westen» stützte[116], hat offenbar den Verlust der Außenperspektive auf «das System», die die DDR wie auch immer vermittelte, lediglich als unerfreuliche Erschütterung erfahren. Dagegen wird nun das alte Weltbild mobilisiert, das um so plausibler wirkt, je mehr mit dem neuen deutschen jugendlichen Rechtsradikalismus der altböse Feind, die alten deutschen Dämonen zurückgekehrt zu sein scheinen. Jetzt sieht sich der «linke Alarmismus» (Klaus Hartung) wieder vollständig rehabilitiert, und die Denkfaulheit hat höhere Weihen erhalten: «Das Bild vom allseits drohenden Rechtsruck ist bequem; es weiht gewissermaßen das eigene Weltbild zum Frontabschnitt.»[117]

Vor allem aber kaschiert es das Versagen der kritischen Öffentlichkeit in puncto deutsche Einheit. Denn weil das Begehren der DDR-Bürger, am westlichen Wirtschaftswunder teilzuhaben, reflexhaft als nationalistisch begriffen und damit abgewehrt wurde, stieß der Prozeß der deutschen Einheit auf ressentimentgeschwängertes Desinteresse und blieb der ideen- und perspektivlosen administrativen Abwicklung überlassen. Die «Lebenswelten», «die Intellektuellen», «die Gesellschaft» und wie unsere politischen und moralischen Instanzen sonst noch heißen, haben das Projekt deutsche Einheit der Regierung und dem Kanzler als deren einzigen Advokaten überlassen – um sich hernach darüber auch noch zu beklagen. Erst als die Probleme wieder ins Weltbild zu passen schienen – die Treuhand «verscherbelt» (Habermas) das Volksvermögen, der westdeutsche Notar will dem armen Ostdeutschen sein Häusle wegnehmen –, nämlich als Klassenkampf, diesmal von West gegen Ost, begann die Linke das Thema Ostdeutschland für sich zu entdecken.

Zumindest, was die Beschreibung der Sachverhalte betrifft, die den Untergang des Kommunismus begleiten, wähnt man sich mittlerweile in einer Neuauflage des besseren Deutschlands. Jürgen Habermas, der mit dem Vergleichsverbot zwischen den Verbrechen des Nationalsozialismus und des Stalinismus gleichzeitig die freundliche Relativierung des letzteren zu etablieren geholfen hat, setzt mit der These von der «Gleichschaltung der Medien» immerhin Westdeutschland mit Nazideutschland gleich – das hätte Erich gut gefallen. Zumindest in der Wirklichkeitsanalyse feiert die DDR wundersame Wiederauferstehung – durch die Evokation ihres Antipoden, des menschenverachtenden westdeutschen Imperialismus. Vielleicht gehört es doch zur Gattung «Drama», daß die kritische Öffentlichkeit für neuartige Probleme keine neue Sprache fand. Nun erscheint es auch noch so, als ob die Probleme die uralten seien.

Vielleicht ist der Prozeß, in dem wir uns befinden und der manche so schockiert, mit dem zu vergleichen, was, wenn es gutgeht, am Ende einer Psychoanalyse steht – das Annehmen der Vergangenheit, der Verzicht auf die Zukunft als Fluchtort führt zum Ankommen in der Gegenwart. Dazu muß man in der Tat *auch* Abschied von der Vergangenheit nehmen – nicht von realer Vergangenheit, nicht von realer Schuld. Aber vom übergroßen *Nimbus* dieser Vergangenheit, vom Nimbus einer Schuld, von dem manch Nachgeborener sich nachgerade adeln ließ. So wuchs man auch ins Riesengroße: zwar nicht als Held im wirklichen Leben, aber wohl als Held der Vergangenheitsbewältigung, was man gern mit dem Schlachtruf «Wehret den Anfängen!» zum «Widerstand» verklärte.

Normalisierung aber heißt auch Normalmaß – und da liegt für die leicht neurotisch gefärbte Identität des negativen Nationalismus womöglich die wirkliche Kränkung, weshalb das Ansinnen heftig abgewehrt wird. Denn groß will man schon sein: groß in der Schuld, groß in der Bekehrung, groß auch, als imaginiertes Opfer der Apokalypse, in der Buße.

Ankommen in der Gegenwart ist das Gegenteil von Verdrängung, es heißt Annehmen der Vergangenheit – und das ist, im psychoanalytischen Prozeß, auch ihr Beschließen. Sie verliert damit ihre alles überragende Rolle für die Gegenwart, für gegenwärtige Identität, und nimmt dieser damit wiederum die Außerordentlichkeit. Sie fällt damit indes auch aus als Ausflucht. Die deutsche Einheit, das hat als einziger damals Ulrich Oevermann formuliert, war eine einzige Aufforderung, die Vergangenheit und die Verantwortung für Schuld anzunehmen und zu übernehmen, weil nun ein Fluchtpunkt nicht mehr denkbar war.[118] Febr. '90

Doch wenn die Bösen und das Böse im heutigen Durchschnittsdeutschen ihre Außerordentlichkeit verlieren, dann ist auch der moralischen Anstrengung ihr Stachel genommen, dann ist auch die Hoffnung auf zukünftige Größe, auf künftige Erlösung perdu. Das ist der Abschied von der Illusion, irgendwann sei der schmerzlose Zustand der Erlösung erreicht, der zugleich auch der schuldlose wäre. Dann teilten wir tatsächlich das Schicksal anderer, «normaler» Nationalstaaten – mit dem Bösen leben zu müssen, durch Handeln uns die Hände schmutzig machen zu müssen, uns «realpolitisch» am Ideal vergehen zu müssen. Daß die deutsche Schuld uns solche schmerzhaften Erfahrungen auf Dauer ersparen kann, ist eher zu bezweifeln. Die Wiedergewinnung der Dimension normalen politischen Interessehandelns ohne Rekurs auf die Ganz Große Moral erst ließe Deutschland im Westen ankommen.

Im Gegensatz zu Jürgen Habermas kenne ich indes niemanden, den solche Auspizien «aufatmen» lassen. Ankommen in der Gegenwart ist ein schmerzhafter Prozeß der Desillusionierung über die eigene Größe – Größe sowohl im Bösen wie auch im Guten. Jenseits der Grandiosität beginnt das, was Politik heißt: das wenig grandiose Rechnen mit dem Möglichen angesichts des Nötigen.

Anmerkungen

1 Gespräch mit Hans Magnus Enzensberger, in: Der Spiegel Nr. 3, 12. Januar 1987.

2 Cora Stephan, «Die Mehrheit, die Mitte und das Matte», in: Dies., Weiterhin unbeständig und kühl. Nachrichten über die Deutschen, Reinbek 1988.

3 Vgl. dazu die den bundesdeutschen Provinzialismus vortrefflich charakterisierenden Glossen Karl Heinz Bohrers, in: Merkur, Nr. 501, 504, 505, 507, 509, 514, Stuttgart, Dezember 1990–Januar 1992.

4 Andrei Markovits / Mark Silverstein, «Macht und Verfahren. Die Geburt des politischen Skandals aus der Widersprüchlichkeit liberaler Demokratien», in: Rolf Ebbinghausen und Sighard Neckel (Hrsg.), Anatomie des politischen Skandals, Frankfurt am Main 1989, S. 151 ff. Vgl. auch meinen Aufsatz «Schmutziges Interesse? Spekulationen über das Menschenfreundliche am Eigennutz», in: Merkur, Nr. 493, Stuttgart, März 1990.

5 Das Buch von Bernard Nuss, Leiter der Presse- und Informationsabteilung der französischen Botschaft in Bonn, frappiert mit der Aneinanderreihung längst obsoleter Klischees über die Deutschen. (Das Faust-Syndrom. Ein Versuch über die Mentalität der Deutschen, Bonn–Berlin 1993.) Witzig und treffend hingegen: Jonathan Carr, Goodbye Germany. Nachruf auf die Bonner Republik, Düsseldorf u. a. 1993.

6 Gerhard Schulze, Die Erlebnisgesellschaft. Kultursoziologie der Gegenwart, Frankfurt am Main 1992, S. 531 ff.

7 Vgl. meinen Vortrag auf der Jahrestagung der Deutschen Akademie für Sprache und Dichtung: «Hat die Sprache das Geschlecht gewechselt? Polemische Anmerkungen zur ‹Feminisierung› der öffentlichen Rede», in: Jahrbuch 1991, Frankfurt am Main 1992.

8 Deborah Tannen, Du kannst mich einfach nicht verstehen.

Warum Männer und Frauen aneinander vorbeireden, Hamburg 1991; Carol Gilligan, Die andere Stimme. Lebenskonflikte und Moral der Frau, München–Zürich 1984.

9 Vgl. meinen Aufsatz «Hausfrauisierung der Politik?», in: Susann Heenen (Hrsg.), Frauenstrategien, Frankfurt am Main 1984.

10 Richard Sennett, Verfall und Ende des öffentlichen Lebens. Die Tyrannei der Intimität, Frankfurt am Main 1983.

11 Peter Gluchowski, «Lebensstile und Wandel der Wählerschaft in der Bundesrepublik Deutschland», in: Aus Politik und Zeitgeschichte, Beilage zur Wochenzeitschrift Das Parlament, 21. März 1987, S. 19.

12 Vgl. Volker Heins, «Wenn Politik verdrossen macht. Zur Debatte über Politikabstinenz und Populismus», in: Kommune, H. 3, Frankfurt am Main 1993; Elmar Wiesendahl, «Volksparteien im Abstieg», in: Aus Politik und Zeitgeschichte, 14. August 1992, S. 13.

13 Vgl. die vorzügliche Analyse von Thomas Schmid und Daniel Cohn-Bendit, Heimat Babylon. Das Wagnis der multikulturellen Demokratie, Hamburg 1992.

14 Vgl. Volker Heins, a. a. O.

15 Albert O. Hirschman, Engagement und Enttäuschung. Über das Schwanken der Bürger zwischen Privatwohl und Gemeinwohl, Frankfurt am Main 1984.

16 Auf diesen Zeitgeist schielt, diese Vorstellung bedient insbesondere das Bändchen von Wilhelm von Sternburg, Fall und Aufstieg der deutschen Nation. Nachdenken über einen Massenrausch, Frankfurt am Main 1993.

17 Z. B. Michael Naumann, «Privat auf der Straße. Deutsche Gemütlichkeit als Staatsdoktrin», in: Frankfurter Rundschau vom 3. Februar 1993.

18 Z. B. Sybille Tönnies, «Wo sind eigentlich die Wasserwerfer geblieben? Die Linke und das Gewaltmonopol», in: Die Neue Gesellschaft/Frankfurter Hefte, Februar 1993, S. 174 ff.

19 Vgl. Erik Grawert-May, Die Sucht mit sich identisch zu sein. Nachruf auf die Höflichkeit, Berlin 1992.

20 Sybil Gräfin Schönfeldt, 1 × 1 des guten Tons. Das neue Benimmbuch, Reinbek 1987.

21 Helmuth Plessner, Grenzen der Gemeinschaft. Eine Kritik des sozialen Radikalismus (1924), Bonn 1972, S. 87.

22 Norbert Elias, Studien über die Deutschen. Machtkämpfe und Habitusentwicklung im 19. und 20. Jahrhundert, Frankfurt am Main 1992.

23 Zit. bei Norbert Elias, Über den Prozeß der Zivilisation. Soziogenetische und psychogenetische Untersuchungen, Bd. I, Frankfurt am Main 1976, S. 41.

24 Norbert Elias, Studien über die Deutschen, a. a. O. Vgl. auch Helmut König, Zivilisation und Leidenschaft, Reinbek 1992, sowie Otto F. Best, Volk ohne Witz. Über ein deutsches Defizit, Frankfurt a. M. 1993.

25 Grenzen der Gemeinschaft, a. a. O., S. 83.

26 Michael Walzer, Zivile Gesellschaft und amerikanische Demokratie, S. 93.

27 Ulrich Beck, Risikogesellschaft. Auf dem Weg in eine andere Moderne, Frankfurt am Main 1986, S. 219: «Mit der Enttraditionalisierung und der Schaffung weltweiter Mediennetzwerke wird die Biographie mehr und mehr aus ihren unmittelbaren Lebenskreisen herausgelöst und über Länder- und Expertengrenzen hinweg für eine *Fernmoral* geöffnet, die den einzelnen in den Zustand der potentiellen Dauerstellungnahme versetzt. Bei gleichzeitiger Versenkung in die Unbedeutendheit wird er auf den scheinbaren Thron eines Weltgestalters gehoben. Während die Regierungen (noch) im nationalstaatlichen Gefüge handeln, wird die Biographie schon zur Weltgesellschaft hin geöffnet. Mehr noch: die Weltgesellschaft wird *Teil* der Biographie, auch wenn diese Dauerüberforderung nur durch das Gegenteil: Weghören, Simplifizieren, Abstumpfen zu ertragen ist.»

28 Vgl. Volker Heins, a. a. O.

29 Elmar Wiesendahl, «Volksparteien im Abstieg», a. a. O., S. 11.

30 Hubert Kleinert, «Die Krise der Politik», in: Aus Politik und Zeitgeschichte, 14. August 1992, S. 19.

31 Ulrich Beck, a. a. O., S. 316.

32 Patrick Süskind, in: Ulrich Wickert (Hrsg.), Angst vor Deutschland, Hamburg 1990.

33 Peter Schneider auf einer vom Presse- und Informationsamt der (rot-grün regierten) Stadt Frankfurt organisierten Veranstaltung über 1968, 25 Jahre danach.

34 Karl Jaspers, Wohin treibt die Bundesrepublik? (1966), München 1988, S. 139.

35 «Zeit für eine radikalreale Utopie», Reinhard Mohr befragte Dany Cohn-Bendit, in: taz, 10. April 1993.
36 Vgl. insbesondere die vielfältigen Interventionen von Thomas Schmid (z. B. «Last Exit Popper?», in: Kursbuch 104 [Weiter denken], Berlin 1991) oder auch von Udo Knapp (z. B. Das Wagnis, Frankfurt am Main 1991).
37 Schulze, Erlebnisgesellschaft, a. a. O., S. 532.
38 Kaspar Maase, Bravo Amerika, Hamburg 1992, S. 236.
39 Norbert Elias entwickelte das in seinen «Studien über die Deutschen» am Beispiel unverheirateter junger Mädchen, die nun anstelle von Eltern und Familien die Last der Entscheidung selbst tragen müßten (a. a. O., S. 60.) Am Beispiel der neuen Zwänge, die die Reproduktionsmedizin Frauen zumutet, wäre über die Ambivalenz von Freiheit und Selbstregulierung zu reden.
40 Reinhard Mohr, Zaungäste. Die Generation, die nach der Revolte kam, Frankfurt am Main 1992.
41 Vgl. Philippe Ariès und Georges Duby (Hrsg.), Geschichte des privaten Lebens, Bd. 3: Von der Renaissance zur Aufklärung, Frankfurt am Main 1991.
42 Ulrich Beck und Elisabeth Beck-Gernsheim, Das ganz normale Chaos der Liebe, Frankfurt am Main 1990.
43 Stat. Jahrbuch 1992, Zahlen für Westdeutschland, Stichtag April 1990: Die Zahl der Einpersonenhaushalte hat sich seit 1950 verdreifacht, seit 1961 mehr als verdoppelt. Durchschnittlich 2,26 Personen pro Haushalt (1961: 2,88), in Städten über 100000 Einwohner: 1,97. 1972 gab es laut Schätzungen des Statistischen Bundesamtes 137000 nichteheliche Lebensgemeinschaften in der Bundesrepublik, 1990 dagegen 963000, davon 107000 mit Kindern.
44 Die allüberall aus der grünen Wiese sprießenden Baumärkte antworteten in den 50er Jahren noch auf «Siedler-Bedarf»: sie kamen nämlich den Bedürfnissen der armen Ost-Flüchtlinge und «Aussiedler» nach.
45 Barbara Ehrenreich, Angst vor dem Sturz. Das Dilemma der Mittelklasse, München 1992.
46 A. a. O., S. 75.
47 Ulrich Beck, a. a. O., S. 206.
48 Insbesondere ehemalige KBW-Mitglieder reüssierten schon in den 70er Jahren in «bürgerlichen» Betrieben, die erkannt hat-

ten, welch intellektuelles Potential sich da selbstbegabt hatte – im Intrigenwesen, in Organisationsaufgaben, in theoretischer Analyse und praktischer Problemlösung.

49 Katharina Rutschky, Erregte Aufklärung. Kindesmißbrauch: Fakten und Fiktion, Hamburg 1992. In ihrem Buch Väter als Täter. Sexuelle Gewalt gegen Mädchen, Reinbek 1984, haben Barbara Kavemann und Ingrid Lohstöter Statistiken des BKA hochgerechnet, wonach jährlich 300000 sexuelle Mißhandlungen von Kindern unter 18 Jahren stattfänden. Eine Dunkelfelduntersuchung des hannoverschen Kriminologischen Forschungsinstituts von 1992 ergibt statt dessen, daß jedes 15. Mädchen unter 14 Jahren Opfer «strafrechtlich eindeutiger» sexueller Mißhandlungen sein dürfte. Nur in jedem 5. Mißbrauchsfall sind Väter oder Stiefväter die Täter, bei jedem 3. Fall ist das Opfer ein Junge. Die Untersuchung geht von 82000 Fällen sexueller Mißhandlungen von Mädchen im alten Bundesgebiet aus.

50 Ich verdanke diese Überlegung einem Hinweis von Martin Dannecker.

51 Vgl. meinen Essay «Die Aids-Gesellschaft», in: Weiterhin unbeständig und kühl, a.a.O.

52 Richard Sennett, a.a.O., S. 36.

53 Ebd., S. 295.

54 «Die deutsche Linke zumal hat in ihrem Verständnis der zivilisierenden Wirkung des heterogenen Nationalstaats versagt (...) Die Auflösung dieser Art von Nationalstaat, sei es in strukturlose Diskurse, sei es in realitätsloses Europäertum, ist ein Rückschritt der Zivilisation, nicht ein Fortschritt.» Ralf Dahrendorf, «Wege in die Irrelevanz», FAZ, 28. Februar 1992.

55 Norbert Elias, Studien über die Deutschen, a.a.O., S. 72.

56 Interessanterweise bezieht sich Manfred Stolpe in seinem Buch Schwieriger Aufbruch, Berlin 1992, auf die paternalistischen Traditionen Preußen-Brandenburgs, aus denen er «Solidarität», «menschliche Nähe» und nicht zuletzt die protestantische Tugend der «Bescheidenheit» ableitet. Konsequenterweise empfiehlt er diesen provinzfürstlichen «neuen Regionalismus» als Mittel gegen Nationalismus.

57 Bodo Morshäuser, Hauptsache Deutsch, Frankfurt am Main 1991.

58 Helmuth Plessner, Die verspätete Nation. Über die politische Verführbarkeit bürgerlichen Geistes, Stuttgart 1959, S. 13.

59 Z. B. Wolfgang Herles, Nationalrausch. Szenen aus dem gesamtdeutschen Machtkampf, München 1990. Zuletzt vor allem Wilhelm von Sternburg, Fall und Aufstieg der deutschen Nation, a. a. O.

60 Karl Heinz Bohrer, «Provinzialismus», in: Merkur, Nr. 501, Dezember 1990, S. 1101.

61 Karl Heinz Bohrer, «Über die Rettung der Ironie. Gibt es eine deutsche Nation?», Vortrag auf einem Symposion in Rom am 4. und 5. März zum Thema «Deutschland nach der Vereinigung», abgedruckt in der taz, 20. März 1993.

62 Karl Heinz Bohrer, «Provinzialismus V», in: Merkur, Nr. 509, August 1991, S. 719.

63 Helmuth Plessner, «Wie muß der deutsche Nation-Begriff heute aussehen?» (1967), in: Die verspätete Nation, a. a. O., S. 297.

64 Der britische Historiker Harold James ist diesbezüglich optimistischer: «... ein parlamentarisches System mit Konflikten, Zusammenstößen und unharmonischen Diskussionen könnte als Brennpunkt einer nationalen Legitimität wirken, die sich auf Institutionen und auf die Verfassung konzentriert» – darauf sei Deutschland heute besser vorbereitet als jemals zuvor. Deutsche Identität 1770–1990, Frankfurt am Main–New York 1991, S. 257.

65 Helge Pross, S. 122. Zum Vergleich: In den USA rangierten zur gleichen Zeit die demokratischen Institutionen bei 85 % der Befragten an vorderster Stelle, in der Bundesrepublik Deutschland nur bei 31 %.

66 Nach: Der Allensbacher Monatsbericht von Elisabeth Noelle-Neumann, in: FAZ, 19. Mai 1993.

67 «Die Wehleidigkeit der Deutschen. Münch, Lafontaine und Späth über die Lage nach der Vereinigung», in: FAZ, 20. April 1993.

68 Nach einer Allensbacher Umfrage von 1988 waren 55 % der Briten, 41 % der Italiener und 33 % der Franzosen «sehr stolz» auf ihr Land, aber nur 21 % der Deutschen. Diese Zahl sank im Januar 1990 auf 18 %. Zitiert bei James, a. a. O., S. 10.

69 Zitiert nach Helmuth Plessner, Grenzen der Gemeinschaft, a. a. O., S. 102.

70 A.a.O., S.20.
71 A.a.O., S.26.
72 Helmuth Plessner, Die verspätete Nation, a.a.O., S.46.
73 Cora Stephan, «Schmutziges Interesse?», a.a.O.
74 Harold James erblickt diese Tradition sogar in der «nationalen Front» der SED mit den anderen Parteien in der DDR (a.a.O., S.226f.).
75 Helge Pross, a.a.O., S.122.
76 Vgl. die Studie von Brigitte Seebacher-Brandt, Bebel. Künder und Kärrner im Kaiserreich, Bonn 1988.
77 Vgl. dazu Cora Stephan, «Genossen, wir dürfen uns nicht von der Geduld hinreißen lassen!» Zur Theoriebildung in der deutschen Sozialdemokratie 1862–1878, Frankfurt am Main (1977) 1981, insbes. S.124ff.
78 Heinrich August Winkler, Arbeiter und Arbeiterbewegung in der Weimarer Republik 1918–1924, Berlin–Bonn 1984, S.34ff.
79 Rudolf Hilferding, «Die Aufgaben der Sozialdemokratie in der Republik», in: Ders., Zwischen den Stühlen oder über die Unvereinbarkeit von Theorie und Praxis, Schriften 1904 bis 1940, hrsg. von C. Stephan, Berlin und Bonn 1982, S.212.
80 Uri Avneri, «Wiederholung der Geschichte? Über Nationalismus, Nazis und Skinheads», in: Spiegel Nr.49, 30.November 1992, S.30ff.
81 Zit. nach James, a.a.O., S.214.
82 Zitiert nach: Bruno Schoch, «Renaissance der Mitte. Ein fragwürdiger Bestandteil Ideologie kehrt wieder», in: Ders. (Hrsg.), Deutschlands Einheit und Europas Zukunft, Friedensanalysen 26, Frankfurt am Main 1992, S.136.
83 Günter Gaus, Wo Deutschland liegt. Eine Ortsbestimmung, Hamburg 1983, S.174.
84 Wolfgang Engler, «Die Furien der Erinnerung. Über die nichtkonstitutionellen Grundlagen des ostdeutschen Staates», in: Kommune 11/92.
85 Roland Hahn, «Die Idee der Nation und die Lösung der deutschen Frage», in: Aus Politik und Zeitgeschichte, B.29/30, Juli 1992.
86 Wolfgang Engler, a.a.O.
87 Ebd.

88 Dan Diner, Der Krieg der Erinnerungen und die Ordnung der Welt, Berlin 1991, S. 45.

89 Friedrich Dieckmann, «Deutsche Einheit und rheinische Ferne», in: Merkur Nr. 504, März 1991, S. 264.

90 Ich beziehe mich im folgenden stark auf meinen Aufsatz «Die DDR, das bessere Deutschland. Ein historisches Gutachten», in: Kursbuch 111, Februar 1993.

91 Reinhold Andert/Wolfgang Herzberg, Der Sturz. Honecker im Kreuzverhör, Berlin und Weimar 1990.

92 Zitiert bei Siegfried Bahne, Die KPD und das Ende von Weimar. Das Scheitern einer Politik 1932–1935, Frankfurt am Main 1976, S. 13.

93 «Er läßt auch fünfe gerade sein». Der stellvertretende SPD-Vorsitzende Oskar Lafontaine über den DDR-Staatsratsvorsitzenden Erich Honecker, in: Der Spiegel Nr. 35, 1987.

94 Erich Honecker zu dramatischen Ereignissen, Hamburg 1992, S. 5.

95 Isso Issew, in: Neues Deutschland, 30. Oktober 1992: «Viel subtiler, viel sauberer, viel eleganter bereitet sich eine neue Endlösung vor. Diesmal geht es darum, eine Weltanschauung auszurotten.»

96 Rudolf Bahro, «Wenn Erich heimkommt – oder von der Legitimität der DDR», in: Freitag, 24. Juli 1992.

97 Richard Schröder, «Die DDR einst – und jetzt?», in: Aus Politik und Zeitgeschehen 41, 2. Oktober 1992.

98 Anton Andreas Guha, Ende, Frankfurt am Main 1992.

99 James, a. a. O., S. 246.

100 Alle Zitate nach Schoch, a. a. O., S. 130f. Gaus, Wo Deutschland liegt, a. a. O., S. 34.

101 Bruno Schoch, a. a. O., S. 133.

102 – obzwar sich bei den Grünen insbesondere Petra Kelly und andere stets bemühten, sich in Menschenrechtsfragen nicht vereinnahmen zu lassen. Vgl. dazu Hubert Kleinert, Vom Protest zur Regierungspartei. Die Geschichte der Grünen, Frankfurt am Main 1992.

103 Meine Kritik an der Friedensbewegung damals ging in eine ähnliche Richtung: «Nicht nur prinzipienlose Politik, auch eine Prinzipientreue, die Politik als Handlungszusammenhang nicht mehr wahrnehmen mag, kann katastrophale Wirkungen haben.»

«Grundsätzlich fundamental dagegen». Basis oder Demokratie? in: Matthias Horx, Albrecht Sellner, Cora Stephan (Hrsg.), Infrarot. Wider die Utopie des totalen Lebens. Zur Auseinandersetzung mit Fundamentalopposition und ‹neuem Realismus›, Berlin 1983.

104 Zitiert nach Tilman Fichter, Die SPD und die nationale Frage, in: Cora Stephan (Hrsg.), Wir Kollaborateure. Der Westen und die deutschen Vergangenheiten, Reinbek 1992, S. 115, 113.

105 Vgl. zur Golfkriegsdebatte Broder, Enzensberger, Stephan, Oz, Giordano, Geisel u. a., Liebesgrüße aus Bagdad. Die ‹edlen Seelen› der Friedensbewegung und der Krieg am Golf, Berlin 1991.

106 Helmuth Plessner, Die verspätete Nation, a. a. O., S. 44.

107 Interview im Magazin der Frankfurter Allgemeinen Zeitung, 21. Mai 1993.

108 Karl Heinz Bohrer, «Über die Rettung der Ironie», a. a. O.

109 Jürgen Habermas, «Die zweite Lebenslüge der Bundesrepublik»: Wir sind wieder ‹normal› geworden, in: Die Zeit, Nr. 51, 11. Dezember 1992.

110 Heinz Bude, «Eine abgewehrte soziale Bewegung? Der jugendliche Rechtspopulismus in der neuen Bundesrepublik», in: Merkur, Mai 1993.

111 Norbert Elias, Studien über die Deutschen, a. a. O., S. 36.

112 Heinz Bude, a. a. O.

113 Jürgen Habermas, Die zweite Lebenslüge, a. a. O.

114 Freimut Duve, «Fluchtbewegung. Eine Antwort auf Jürgen Habermas», in: Die Zeit Nr. 2, 8. Januar 1993.

115 Bernhard Giesen, Die Intellektuellen und die Nation. Eine deutsche Achsenzeit, Frankfurt am Main 1993, S. 238.

116 Vgl. zur «negativen nationalen Identität» insgesamt Giesen, a. a. O., S. 236 ff.

117 Klaus Hartung, «Wider den linken Alarmismus», in: Die Zeit Nr. 48, 20. November 1992.

118 Ulrich Oevermann, «Zwei Staaten oder Einheit»? Der ‹dritte Weg› als Fortsetzung des deutschen Sonderweges, in: Merkur, H. 492, Februar 1990.